Boyden and Deerfield Academy

博伊丹
与迪尔菲尔德中学

——一位美国校长66年治校生涯

单中惠 李爱萍 编译

山东教育出版社

图书在版编目（CIP）数据

博伊丹与迪尔菲尔德中学：一位美国校长66年治校
生涯 / 单中惠，李爱萍编译. —济南：山东教育出版
社，2014

ISBN 978-7-5328-8290-8

Ⅰ.①博…　Ⅱ.①单…　②李…　Ⅲ.①中学—学校管
理—研究—美国　Ⅳ.①G637

中国版本图书馆CIP数据核字（2013）第311909号

博伊丹与迪尔菲尔德中学
—— 一位美国校长66年治校生涯

单中惠　李爱萍　编译

主　　管：山东出版传媒股份有限公司

出 版 者：山东教育出版社
　　　　　（济南市纬一路321号　邮编：250001）

电　　话：（0531）82092664　传真：（0531）82092625

网　　址：http：//www.sjs.com.cn

发 行 者：山东教育出版社

印　　刷：山东德州新华印务有限责任公司

版　　次：2014年1月第1版第1次印刷

规　　格：787mm×1092mm　1/16

印　　张：9.5印张

字　　数：91千字

书　　号：ISBN 978-7-5328-8290-8

定　　价：26.00元

（如印装质量有问题，请与印刷厂联系调换）
电话：0534—2671218

前 言
PREFACE

美国校长博伊丹是如何管理一所中学的

单中惠

美国马萨诸塞州的迪尔菲尔德中学（Deerfield Academy）创办于1797年，是由时任州长塞缪尔·亚当斯（Samuel Adams）批准同意的。现今，它是一所寄宿制中学，更是美国一所享有盛名的优秀中学。几十年来，它的毕业生一直在普林斯顿、哈佛、耶鲁、达特默斯和斯坦福五所大学的一年级新生中名列前茅。在现今美国中学中，"迪尔菲尔德中学"已经成为"卓越"的一个代名词。

弗兰克·利罗伊德·博伊丹（Frank Learoyd Boyden）是迪尔菲尔德中学20世纪第一任校长，在那里工作了66年。1902年，年仅22岁的他从阿默斯特学院毕业后来到迪尔菲尔德中学担任校长。在他面前的困难是很多的，不仅学校情况衰落和学生人数下降，而且镇上不少居民正在看他的笑话。但是，博伊丹校长在那里坚持了下来，并在长期的教育工作实践中成为了美国最优秀的中学校长之一。他曾深情地对学校的一位教师说："我感到遗憾的一件事是，我不能活得更长久一些，以便能看到迪尔菲尔德中学的孩子们怎样成长。"

中学应是学生发展的渠道

博伊丹校长教过代数和自然地理。在他把更多的精力放在关注学生行为和研究学生心理方面以后，他仍然没有忽视迪尔菲尔德中学的学术发展，始终坚持学业成绩的高标准，开设了任何一所学院和大学所要求的全部中学课程。学校一般每天安排6节课，下午2点钟结束，接着是一节由多位教师主持的讨论课。校长自己坚持到所有班级去听课，一直到他无法安排为止。课余时，他爱与孩子们谈话，听取他们对上课的反映，同时了解他们的才能。

博伊丹校长一直认为，一所中学的教育成就应该从教育质量的角度来考虑，而不是只看升入大学多少学生。近几年来，学生处在升学的强大压力下，许多中学拼命减少非学术性时间，以应付大学的入学竞争。但是，博伊丹校长在重视学术的前提下，既拒绝取消学生丰富的课外活动，从电子爵士音乐到橄榄球队和棒球队，也不放弃一些所谓"浪费时间"的传统活动，例如，每天傍晚的会见和星期天晚上的演唱会。他觉得，如果一个学生必须学习四门课程，就不必增加第五门课程。因此，另一所中学的校长说："从学术的角度来看，迪尔菲尔德中学不是一只高压锅。"

博伊丹校长也把体育运动看成是学校管理的一个方面。他要求全体学生都参加体育活动。因此，学校内组成了各种球队。例如，至少有八个篮球队经常在活动，每个队穿一种队服，互相之间进行比赛或与外校比赛。除一些人以外，要求每个学生一年内参加三项体育运动，足球、篮球、棒球、橄榄球、曲棍球、游泳或田径都可以。迪尔菲尔德中学曾输送了一些体育明星，但是，他们在学校里并没有给以额外的训练时间。

与此同时，博伊丹校长强调体育道德和运动员的风格。他说："不良的体育风格的后果是某些方面教育的失败。"因此，不管一名运动员有多大能耐，假如他在比赛时发脾气的话，他就要从场上被替换下来或者不能上场。

学校应该建立良好的学风

迪尔菲尔德中学没有什么书面形式的守则，但是，它的校风很严，建立了一种有规则的生活。博伊丹校长要求学生们齐步行进穿过校园到他们举行各种球赛的场地，不允许学生们边吃着冰淇淋蛋卷边漫步走进学校的会场。当一个学生走到礼堂的台上去拿学业优秀的奖状或其他的奖品时，都安排一位教师站在台阶旁边，以保证学生的外套扣上纽扣。

几十年来，博伊丹校长注意发扬自己学校的特色。一个新来的孩子在迪尔菲尔德中学很快就认识到，他自己就是某些集体活动的一分子，如果他不做好自己，那整体就不能很好地活动。在那里，所有的学生都是平等的，即使获得奖学金的学生也没有什么特别的权利，每个学生都必须参加诸如膳食服务一类的劳动。

迪尔菲尔德中学实行了严格的纪律，但这是一种启发性的管理。一些孩子在早期可能会犯一些小错误，并以为这一切都会被忽略过去。但博伊丹校长会关注这样的孩子，拿出一个小笔记本，讲出他从进学校第一天以来所做的每一件错事。然而，他从来不威吓学生，也不预先安排处罚。他相信，一个孩子比一个处罚更为重要。他说："为了一个愚蠢的缺点，一个孩子将失去他身上的特质，而这种特质可能是他后半生所需要的。"所以，假如必要的话，博伊丹校长会给一个有问题的学生多次改正机会。

校长应该广泛地接触学生

博伊丹校长经常这样说："这所学校不是为教师的，而是为孩子的。"所以，他和他的教师们的职责之一，就是从清晨到夜晚最大限度地接触学生——在用餐时，在教室里，在有组织的自修时间中，在俱乐部活动里，在体育运动中。校长来到迪尔菲尔德中学的第一年，他就把一张放卡片的台子摆在学校大楼的前门里面，这就是他的"办公室"。在现在的学校主楼建造时，他就特地请建筑师在宽广的门厅中——学校的主要交通中心设计了一个地方，那仍然是他放办公台的地方。在课间休息时，他看见学生走过他的"办公室"，就会叫住一二个学生到一边，问他们一些问题，或者向他们了解一些情况。一个学生说："无论做过什么事情，你都躲不过他。只要你做了，就可能会给他留下痕迹。"

博伊丹校长的教育管理艺术，使他经常在事情发生之前就能预防事情的发生。他生活在学生中间，耳听他们的一片喧闹声，眼观他们的各种表情，并洞察他们的内心活动。在一年中，他能与每个学生进行六次个别谈话，告诉他在学习和品行上正处在怎样的一个状态。由于广泛地接触学生和注意研究他们的心理，因此，博伊丹校长似乎知道一个学生什么时候内心有什么事情，什么时候从他的脸上又看出没有事情。他能够对一个学生发展的可能性作出评估，并帮助他去实现这种可能性。1920年，他曾招收了一些因纪律和学业原因而被其他中学撵走的学生，这些学生在迪尔菲尔德中学待了几年后，其中一些人到大学学习时，甚至比他们以前的同学表现得更为突出。

由于对学生心理的研究成果显著，因此，博伊丹校长不仅变得闻名起来，而且曾被哈佛、耶鲁、普林斯顿等17所学院和大学授予荣誉学位。

教育应该针对学生的特点

在长期的教育实践中，博伊丹校长注意针对不同学生的特点进行教育和管理工作。为了解一些特殊的孩子，他常常站在一个角落里对他们进行观察。例如，有两个爱好艺术的学生，经常喜欢晚上出去，在月光下画星星和街灯下的旧房子。他知道他们在创作，而自己对艺术又懂得太少，所以，他就站在远处观看，而不去打扰他们。现在，他们中的一个人担任了普林斯顿大学书画刻印艺术博物馆馆长。

博伊丹校长还具有把一些不被人们看好的孩子教育成为一位学者或一个有用人才的教育才华，其中，汤姆·阿谢利这个孩子在迪尔菲尔德中学就是一个典型的故事。在校长的关心和教师的培养下，阿谢利从一个性格怪僻的和不愿学习的孩子，最后成为在学业和体育上都得到发展的学生。他在班级里一直很少讲话，但应校长的要求在1911年的毕业典礼上讲了话，而且讲得十分生动。在从阿默斯特学院毕业后，阿谢利决定像博伊丹校长一样成为一位教师，又回到迪尔菲尔德中学任教。最后，他参了军并在反法西斯战争中英勇牺牲。

校长应该比教师做得更好

博伊丹校长始终认为，校长应该比教师做得更好。他衣着随便，不讲究饮食，从不喝酒，也不抽烟，对教师和学生都是和蔼可亲的。刚从阿默斯特学院毕业时，他对教育并没有什么兴趣，但后来他把教育作为自己毕生的事业，因为他已认为教育是十分重要的，是那些小事情所不能相比的。

刚到迪尔菲尔德中学的时候，博伊丹校长招收学生是非常困难的。但是，他乘马车亲自到迪尔菲尔德镇和周围地区去动员农夫的孩子来读书。为了招收学生，他还拿出了自己准备进入法学院学习的大部分存款。

在他太太的支持下，博伊丹校长把他的全部精力花在学校里。每天，他都会到校园四周去巡视，每天晚上，他都到每幢学生宿舍去兜一圈；每当学校举行大会时，他都会亲自在会前去看一下。在过去的64年中，博伊丹校长大概给学校毕业生和学生家长写了50万封信，回答他们的要求和问题，解释他们想了解的事情。

博伊丹校长87岁时，仍然坚持每天从早上7点钟到夜晚连续地工作，或与运动队一起外出比赛，或会见学生和家长，或指导星期天晚上的活动，或规划新的校舍建筑，或提醒学生们回家度周末。

博伊丹校长的身体力行感动了教师们，他们都愿意在迪尔菲尔德中学工作。按照要求，除任教各自的课程外，大多数教师必须参加运动队活动，主持辅导性的讨论课，与学生进行谈话，等等。他们都是自觉主动地去做的，因为他们看见校长在各方面的工作比任何一位教师都繁重，做得比任何一位教师都好。一位在迪尔菲尔德中学任教已经25年的教师说："你与校长一起工作的时间越长，他对你的影响也许就越大。"另一位教师也说："他做什么事情，总是争取做得最好，人们都愿意跟着他。"因此，迪尔菲尔德中学的教师都愿意留在那里，与校长一起工作。

对于教师们在教室里的教学风格，博伊丹校长并不提过分的要求。阿谢利曾这样回忆道："在这里，每位教师在讲课方式上都有自由选择的权利。他能尝试任何一种他所希望取得教学成果的方式。"

　　在博伊丹校长的精心管理下，迪尔菲尔德中学逐渐发展成为一所美国著名的中学。在学校主楼周围或远处，还有19幢其他建筑——教室、宿舍、实验室、体育馆、艺术馆、餐厅、诊疗室等，旁边还有大约75英亩面积的运动场。正是在这所环境优美和设备完善的中学里，在那种充满生气和活力的学校生活中，培养了一批又一批身体健康和心智成熟的学生。在回顾迪尔菲尔德中学的发展时，博伊丹校长满怀深情地说："让我们不要自夸，但是，我们可以为自己已经取得的成就而感到欣慰。"

目 录
CONTENTS

博伊丹校长全家

第一章

迪尔菲尔德中学的今昔 [1]

当不久将成为迪尔菲尔德中学（Deerfield Academy）新任校长的弗兰克·利罗伊德·博伊丹（Frank Learoyd Boyden）抵达迪尔菲尔德镇的时候，他刚刚年满22岁。在他第一次独自一人沿着一条坡道往这个镇走去的路上，他不时地向套着长裙的妇女、身穿衬裙的姑娘以及穿着长袖衬衣和戴着黑色圆顶硬礼帽的小男孩们点头示意。

迪尔菲尔德镇地处马萨诸塞州的西部。这个镇的主要街道仅有一条，从北到南一英里长。街道两旁树木茂密，背荫之处幽暗莫测，以至在中午时分，一位近在百码之外的观察者也不可能看清街道上四轮马车留下的车印痕迹。20年过去后，镇上才铺设了街道路面；又过去了6年，才架起了电线杆。200年前就建造的一些房子，一直是农夫们的住宅。其中有些房子已经有点倾斜了，

---

[1] 根据John McPhee，*Headmaster*：*Frank Learoyd Boyden in Deerfield*，Massachusetts：Farrar Straus 编译。

沙卵石不断地从这些房顶上剥落下来。这个小镇虽然可以说是比较繁荣的，但是，它的许多方面却不完全是这样。镇上的一所公立中学——迪尔菲尔德中学就曾是一幢使人感到气馁的暗红色砖石建筑物。从外表看得出来，这幢建筑物是为了尽可能避免阳光直射而设计建造的。虽然在一个世纪之前，这所学校曾有过1000多个学生，但是，现在只有14个男孩和女孩准备参加下一学年的学习，其中两个学生将组成一个高年级班。

然而，在某种程度上，迪尔菲尔德中学这种衰败情况并没有使年轻的博伊丹感到沮丧。因为他一心想继续去读法学院，以便最后进入政界，所以，他只想尽快离开那里。两个月前，博伊丹刚刚从阿默斯特学院（Amherst College）毕业。当时，虽然他知道迪尔菲尔德中学也向他班上的其他同学提供了这所中学校长的职位，但是，他自信自己能得到这个职位，因为他是班上唯一提出申请这个职位的人。博伊丹原想进入法学院，但他没有钱，而迪尔菲尔德中学同意每年支付他800美元的薪酬。为了积攒足够读法学院的钱，他打算储存起每一个美分。

博伊丹记得很清楚，他抵达迪尔菲尔德镇的那天，是1902年8月12日，星期六。他敲响埃菲雷姆·威廉斯（Ephraim Williams）先生房屋的白色木板门说："威廉斯先生，我是弗兰克·博伊丹。"埃菲雷姆·威廉斯先生是威廉姆斯学院（Williams College）创建者的曾外孙，迪尔菲尔德中学的董事。那天，屋外的气温高达华氏80°，然而，当威廉斯出现在客厅门口时，他背后的壁炉正在燃烧。他是一名退役骑兵军官，只有一条腿，留着一把海象似的胡子。他的一只手臂上搭着一条毛巾，另一只手则拿着一把扇子。威廉斯对博伊丹解释说："我从不知道什么时候会得风寒或发热。"就在那里，博伊丹也见到了学校的其他几位董事。其中有一位董事对博伊丹说："中学究竟是需要一位新的校长，还是需要一位殡仪员，那还是很难说的一件事。"说得明白一点，就是董事们自己也不知道应该是聘用他，还是应该关闭学校。但是，他们也告诉博伊丹，如果他想得到迪尔菲尔德中学校长职位的话，那他是可以得到的。

　　与此同时，在迪尔菲尔德镇的店铺里，镇上的一些游手好闲者正在对博伊丹的风度进行评头论足。就在不久之前，他们见到过许多新的校长，因此，博伊丹留给他们的印象就像小镇留给博伊丹的印象一样，是极为淡薄的。只有一点印象，那就是，人们注意到博伊丹只有5英尺4英寸高[1]，梳着分头，戴着一副无框眼镜，外表看起来很严肃但缺少威慑力。镇上的人们知道，在州里有的地方，那里的男孩们曾经把一些校长从学校窗口扔出去过。现在，人们也仍然记得，那天在店铺里有一个人曾这样说过："要不了多少天，男孩们也会把这个年轻人从这里赶走。"但是，那样的情景始终没有发生——而那个店铺也已不存在了。不管怎样，在街上那幢原来属于埃菲雷姆·威廉斯的白色木板房屋里，现在住着迪尔菲尔德中学校长博伊丹。到目前为止，他已经担任了64年的迪尔菲尔德中学校长。

---

[1] 折合公制约1.63米。——编译者注

在担任迪尔菲尔德中学校长的前四五十年里，博伊丹集中精力发展学校的特色，却未能顾及学生生活的各个方面，以致迪尔菲尔德中学由一所公立学校变为美国一所著名的自治学校之后，他的学生们仍然睡在农舍里，并且每个星期六晚上都在一个谷仓里观看电影。有些新英格兰地区的预备学校，是模仿英国公学而建立起来的。但是，迪尔菲尔德中学却是一所土生土长的、具有自己特色的学校。在博伊丹增设学校寄宿部之前，他已担任了20年的校长。从那以后，他就一直设法使迪尔菲尔德中学发展成为一所公立学校，以便保持它原来的特色。正因为这样，富裕家庭和有名望家庭的孩子们竞相到这里来就学，迪尔菲尔德中学接受了许多这样的孩子。但是，在迪尔菲尔德中学获得奖学金的学生比例也高于其他中学，例如，安多弗（Andover）中学、埃克塞特（Exeter）中学、劳伦斯维尔（Lawrencewill）中学、霍特克斯（Horchkill）中学、希尔（Hill）中学、肯特（Kent）中学、乔特（Choate）中学、格雷顿（Groton）中学、圣马克（St.Mark）中学、圣保罗（St. Paul）中学和塔夫脱（Taft）中学等。就此而言，事实上，迪尔菲尔德中学已超过了几乎任何一所主要的预备学校。与此同时，迪尔菲尔德中学颁发的奖学金数额也高于几乎所有的预备学校，而且本镇的男孩都可以免费入学。

现在，博伊丹校长可以按从100位入学申请者中挑选10位的比例来招收一届学生。在这方面，只有安多弗中学和埃克塞特中学能与之竞争。但是，最初的时候，迪尔菲尔德中学招收学生是很困难的，甚至包括从迪尔菲尔德镇本地招收学生。那时，博伊丹坐着一辆借来的无篷两轮马车从镇上出发到散布在波坎塔克山谷周围的农田里，与年轻的农夫孩子们谈话，直到说服他们愿意进入迪尔菲尔德中学为止。他给孩子们许诺，在收割时节会给他们放假，在有些情况下他们甚至可以去替换农场工人。将近20多年，博伊丹校长一直以这样的方式招收学生。不仅如此，他还多次慷慨解囊，捐出了他原来打算积攒

博伊丹校长驾驶着他的两轮马车

起来读法学院的大部分存款。不过，直到他把教育作为自己终生职业的后40年里，他一直坚持晚上阅读法学方面的书籍，这仅仅是喜欢而已，并没有其他什么打算。就这样，博伊丹的学校自然地、渐渐地和惊人地发展起来了。尽管博伊丹校长没有宏大的规划，也没有高深的理论，但事实证明，他是一位依靠直觉和实干的教育家。学院的教授和院长们逐渐认可了他的工作和才华，并把他们的孩子送到他那里去。其他许多人也跟着这样做。显然，到1929年底时，博伊丹已成为美国教育史上最著名的中学校长之一。而且，那么多年来，他很可能是能配得上这样称呼的唯一一位校长。

博伊丹校长几乎就是那种宽宏大度的"专制君主"——不管这种人的基础实际上是否稳固——他们都能凭借他们自己的个人

才能创建永久的学校，将学校置于他们自己的"绝对统辖"之下，并且给学校打上永不磨灭的个人烙印。与此相反的典型，是英国拉格比（Rugby）公学的校长托马斯·阿诺德（Thomas Arnold）[1]。多年来，在美国，在包括格雷顿中学的恩迪科特·皮博迪（Endicott Peabody）、肯特中学的法瑟·希尔（Father Hill）、塔夫脱中学的贺拉斯·塔夫脱（Horace Taft）、圣保罗中学的塞缪尔·德鲁里（Samuel Drury）、乔特中学的乔治·圣约翰（George C. St. John）、安多弗中学的阿尔弗雷德·斯特恩斯（Alfred Stearns）、埃克塞特中学的刘易斯·佩里（Lewis Perry）在内的这些校长中间，博伊丹校长是最年轻的一个人。现在，其余的人都已经离开校长职位，有的甚至连他们的继任者也已离开校长职位了。与此同时，一群卓越的和比较年轻的校长已在迪尔菲尔德中学博伊丹校长的指导下成长起来。现今美国29所预备学校的校长以前都是迪尔菲尔德中学的教师或学生。一些同样接受过博伊丹指导的校长有的已经开始管理着他们的学校，有的已经退休了。但是，在马萨诸塞州西部的山谷里，年已86岁的弗兰克·博伊丹校长却仍然继续紧张地工作着，每天都要从早上7点一直工作到夜晚：或与教师们一起管理学校；或带领运动队外出比赛；或接见想申请入学的孩子和家长们；或指导星期天晚上的祈祷和合唱活动；或一天写70多封信；或具体规划新的校舍建筑；或会见打算回家度周末的孩子们，并提醒他们在回家途中遇到年长者时应该做些什么；或乘一辆电动高尔

---

[1] 托马斯·阿诺德，英国近代教育家。——编译者注

夫球车在校园里巡视。博伊丹校长是那么热爱他自己的学校，以至如果他看见地上有一张废纸，就会立即从电动车上跳下来，把废纸捡起来。对于这所近年来终于发展成为一所名副其实的"体育摇篮"的学校外貌来说，他一向都是非常注意的。一幢新

博伊丹校长在校园里捡起地上的废纸

的学校大楼被建造得与镇上的18世纪房屋建筑相对称。在这些市镇房屋中，有些房屋多年来就一直是学校所拥有的，至今被保存下来的旧房屋尚有33幢。其中的二三幢被用来作为学生的宿舍。其余的那些前排的房屋成为了美国人追忆往昔的圣地，后排的房屋原来是迪尔菲尔德中学教师的住所。作为一个市镇博物馆来说，迪尔菲尔德镇具有弗吉尼亚州威廉斯堡的自然性和重要性。但所不同的是，威廉斯堡的大部分建筑物是重新修复的，而迪尔菲尔德镇的房屋建筑保持了原有的风格和形状。

现在，迪尔菲尔德镇的大街仍然与1902年一样宁静，一样悠长。农夫们还是沿街居住着。但是，在原来见不到阳光的校舍地基上现今盖起了迪尔菲尔德中学的主楼。此外，在主楼的周围或远处，还有其他19幢建筑——教室、宿舍、实验室、图书馆、体

育馆、饭厅、曲棍球滑冰场、医疗室、剧院、艺术馆。整个学校位于一块半岛形状的坡地上。这块坡地是由流经山谷的迪尔菲尔德河在某个时期改变了它的河道而形成的。坡地的三面向下呈倾斜状延伸出去，并在那里形成了占地大约有75英亩面积的运动场。从坡地的东面到西面，山峦突起，丘陵延绵；而由南面到北面，则是呈带状的农田和烟草房。面对如此奇妙美丽的景色，确实很难使人想象还有比这更加美丽的校园环境和比这更有魅力的学校场所。然而，更加令人难以置信的是，所有这一切——包括看得见的具体实物和看不见的精神实质——都是在一个人的领导下发展起来的。

迪尔菲尔德镇的大街

第二章
弗兰克·博伊丹其人

初次见到博伊丹校长的人往往会发现，他跟他们所想象的那种人有所不同。无论待在学校的时间长或短，那些待在迪尔菲尔德中学的人很快就意识到，他们正处于"君主专制"之下，那个坐在电动高尔夫球车的小个子就是他们的"国王"。至于那些仅仅听说过博伊丹并知道他是一位著名中学校长的来访者，他们好像坚持认为，他应该是一个身材高大的和满头白发的受人尊敬的老人。这些人见到他从地上捡废纸，就以为那就是他的工作。几年以前，有一群妇女来到了博伊丹住的旧房子外面，他把她们请进屋内，并领她们参观了屋内的老式房间。出门时，一位妇女凑近并仔细地端详了他。的确，博伊丹校长并不引人注目。有的时候，人们正巧与他并肩而行，却未能发现他。有一次，一个人曾停下脚步转身说道："噢，对不起，博伊丹先生。我刚才没有看见您。"

"没有关系，我一向是不引人注目的。"博伊丹校长回答道。

博伊丹校长喜欢这样的情况，也许部分是因为这样的情况可

博伊丹校长在学校主楼前

以使他更好地观察学校的教师和学生。此外，像他那样一个不起眼的人究竟能不能把整个学校掌握在他的手里呢？出于这种想法，当这样的情况再次发生时，博伊丹校长显得十分轻松愉快。他拥有一种判断每件事情的标准：凡是对迪尔菲尔德中学有益的事情，那就是好的。有一天，博伊丹校长正在与一位外貌出众的迪尔菲尔德中学教师谈话，有位陌生人指着那位教师问旁人："那是谁？"

"那是校长。"旁人答道。

"噢，那么，与他在一起谈话的那个小个子又是谁？"陌生人又问道。对于这样的对话，博伊丹校长早已不会感到有什么难堪。

博伊丹4岁的时候，看上去就要比实际年龄大。在进入阿默斯特学院读书后，甚至在20世纪20年代担任校长后，亦是如此。但是，他现在看上去一点也不显老。他的头发是蓝灰色，并没有变白。他的仪态将近40年都没有什么变化，依旧给人们一副个子矮小、容易发脾气的工人模样。有的时候，他穿一条灰色的长裤、一件深黑颜色的夹克衫和一双棕色的科尔多瓦皮制成的皮鞋——他喜欢这种有点学校味道的并与中年人身份相仿的衣着打扮。因为在过去的十多年里，他一直穿着深蓝颜色的、质量较次的外套，佩带着褐红色的领带。无论寒暑，他都是这样的打扮，每件衣服都要穿到需要脱下来用线缝补为止，而他也并不感到什么害羞。就是今天，他的一件夹克衫口袋上还有一个用黑线缝补起来的4英寸长的裂口，他对此一点也不在乎。在穿着方面，他是一个完全没有自我意识的人。然而，假如有人穿着平底拖鞋出现在学校的楼梯上，那么，他很快就会去找到学校宿舍管理员并向他报告。博伊丹这种对学校的关心，完全影响到学校的整个面貌。但是，

这种关心完全是对学校而言的，并不包括他自己。在7月的一个凉风习习的早晨，博伊丹校长一清早就起身了，他穿着一件上面已有不少裂口并已褪色的羊皮缝制的外套，动身去纽约城。在酷热的纽约城里，他整天都穿着这件羊皮外套。

博伊丹校长与时任美国副总统尼克松（右一）的合影

博伊丹校长年满86岁以后，他唯一感到不适应的是听力的下降。有的时候，他会说："我的耳朵不灵了。"然后，他就走到满满一屋子人

博伊丹校长与肯尼迪总统（左一）的合影

的中间，自称在那里能听清楚人们所发出的每一个音节。他没有什么嗜好，也从不挑食。除了偶尔用来当早餐的淡啤酒和黄油脆饼外，他经常不太注意膳食的花样。虽然哈佛(Havard)、耶鲁(Yale)、普林斯顿(Princeton)等17所学院和大学都曾授予他荣誉博士学位，但是，他并不希望人们称他为"博伊丹博士"。除了黑板推销员和那些准备申请使他们的儿子入学的陌生人之外，在迪尔菲尔德镇没有人那样称呼他。

"千万不要仅仅为了有事情做，就草率地作出一个决定。"博伊丹校长说。因此，从来没有人指责他是一个感情冲动的人。迪尔菲尔德中学的学科主任曾这样说过："博伊丹具有无穷的智慧，而且越是在困境中越表现出他的智慧。任何一个面临着要作出一个重要决定而又对博伊丹很了解的人，一定会到他那里去寻求帮助。"当然，对他的学生来讲，这是很有好处的。有的学生在夏季里拜访他，有的学生从学院来拜访他。在这些学生走上社会后，他们有时也会为询问是否应当参加竞选公职来拜访他。在谈话时，博伊丹会表现出专心致志的态度，并且具有通过人们所说的事情了解其真实含义的能力。正是运用这样的方法，他使数百人确信，他所做的一切完全是出于对他们的特殊关心。他很少发脾气，但也不太容易接受别人的批评。与此同时，他并不以狭隘的个人之见而妄自尊大。相反，他仅仅为自己的学校而感到骄傲，也为自己清楚地知道对学校而言什么是最好的而感到自豪。他全心全意地扑在学校工作上。对他来说，除了学校之外，再也没有别的东西能吸引住他。在假期里，他身穿蓝色的、质量并不好的衣服在佛罗里达州四处活动，为迪尔菲尔德中学的发展筹集经费资金。他从来没有去过海边。但是，有一次，有人看见他坐在伯尔姆海滩旁一个名叫布雷克斯旅馆的门廊里，正在读一本迪尔菲尔德中学的年鉴。由于自我培养起来的纯朴品质，博伊丹校长成为了一个家喻户晓的人。

从最崇高的理念来看，博伊丹校长确实是一个纯朴的人。他能够依据一个基本的理想，为建设一所学校而奉献出自己的一生。但是，从另一方面来讲，他所从事的这项事业也只有一个性格复杂的人才能完成。的确，在实践的过程中，他有许多独特的见解，并对很多事情进行了周密的考虑。他的一些老教师在各种不同的谈话场合把他描绘成"伟大的博爱主义者"、"冷血动物"、"意志坚定的人"、"封建主义者"、"仁慈的人"、"令人愉快的人"、"谦卑的人"、"脾气急躁的家伙"、"永不满足的人"、"有创见的人"、"轻率的人"、"自私的家伙"、"公而忘私的人"、"老顽固"、"有眼力的人"、"凭直觉做事的人"、"不可思议的人"——应该说，这些议论是相互抵触和相互矛盾的。据博伊丹校长的一个儿子所说，他父亲自己认为是"一个不可思议和一贯正确的人"。

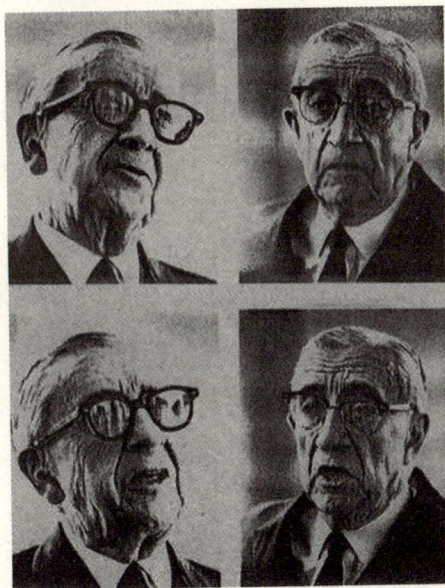

博伊丹校长的四种表情
左上：赞扬　右上：倾听
左下：想象　右下：疑问

第三章

颇具特色的学校管理方法

博伊丹校长具有权威的天赋。虽然他看上去很懦弱，说话的声音也缺少命令的口吻，但是，人们却按他所说的去做。如果他不具备这种特点，那么，他很可能在到达那里上任的第一天就会失去迪尔菲尔德中学。

1902年秋天，当博伊丹刚刚接管迪尔菲尔德中学的时候，学校里的7个男孩中至少有4人是镇上居民们"畏而远之"的。迪尔菲尔德镇上的人们多年来已养成了越街而行的习惯，避免经过学校的大门口。博伊丹校长一开始就面临着许多问题，而这些问题后来又被学校的一位董事搞得复杂化了。这位董事极力想关闭迪尔菲尔德中学，以致他的行为实际上是在鼓动这些孩子尽快地设法把博伊丹这位新校长赶走。这些孩子平均比校长高出一个头，重30磅。博伊丹校长上任的第一天平静地过去了，没有发生什么意外的事情。当孩子们准备离校的时候，博伊丹校长对他们说："我们现在去玩橄榄球，怎么样？"在这以前，体育运动并不是学校课程内容的一部分。起初，孩子们在镇的场地上混战，为抢球而相互争夺起来，并感到十分有趣和新奇。但是，当有的孩子突然吐出四个字母的肮脏下流话时，情况就变得恶化了。这时，博伊丹校长紧绷着脸，大声喊道："把那个人赶出去！"这就是他所说的全部话——虽然这话有点令人费解——但那是他当时不得不说的。

几天之后，有一个男孩问博伊丹是否愿意到外面去练接棒球，他答应了。于是，他俩来到了学校的小草坪上，分别站在相距大约50码的地方。那个男孩挥动手臂，对准他抛了一个速度很快的飞球，显然带有杀机。博伊丹接球后，也尽自己最大的力气把球飞快地扔回去。一场特殊方式的比赛开始了，其余的学生也围拢来观战。博伊丹和那个男孩用他们所想到的一切方式相互来回扔球。最后，那个男孩不吱声了。"噢，当然啦，我戴了一副手套，而他却没有戴。"作为一位业余的扔球高手的博伊丹校长这样说道。

博伊丹校长认为，在许多事情中，体育运

博伊丹校长在校园里行走

动是管理和召集孩子们的一种方法。他要求全体学生都参加体育
运动，并将它贯穿在整个学年之中。在1902年，这样的思想是教
育上的一种新颖思想。博伊丹亲自安排与其他学校进行的体育比
赛。由于迪尔菲尔德中学没有足够的男孩可以组成一个橄榄球队
或一个棒球队，博伊丹自己就充当一名队员。他是迪尔菲尔德中
学从未有过的一流的四分卫。他的鼻子曾被摔破过很多次。在一
场橄榄球比赛中，他一接球后就开始带球向对方的底线奔去，但
是，对方的防守中卫把他逼向边线，并想拦截住他——那个时候
还没有制定出回防规则——迫使他回到迪尔菲尔德中学队的禁区，
并跌倒在地。博伊丹还是一个技术相当不错的棒球队员。他不管
自己的身高，总是坚持打第一垒。他也是一个很好的击球手。当
时，格林菲尔德、斯普林菲尔德和北安普顿的报纸曾刊出这样的
大标题："迪尔菲尔德中学队2：0击败阿索尔中学队，博伊丹从
第三垒打到了第四垒。"正是在体育运动中，博伊丹校长赢得和掌
握了学校。也正是在体育运动中，他可能许下了自己将永远留在
球队里的个人谎言。他的运动队员们都被他争取了过来，他们由
最初的敌对态度转变为对他的支持。博伊丹使他们相信，学校在
没有他们帮助的情况下也将会向前发展；而他们则发现，他们与
博伊丹校长一样，也希望学校能够向前发展。在阿姆斯中学（Arms
Academy）举行的一场球赛中，博伊丹跟在一个高吊球后奔跑，他
的手在离砖墙2英尺的地方接住了球，然而他的头却撞到了砖墙，
跌倒在地而不省人事。等他醒来后，孩子们把他送回家，要他好
好休养，并告诉他不必担心——即使他不在的时候，学校里也不

会发生什么纪律问题。

明妮·霍克斯（Minnie Hawks）小姐是迪尔菲尔德中学继博伊丹校长之后所聘用的一位教师。在校长教代数和自然地理时，她教德语和几何。校长常常带着一块岩石标本走进教室，把岩石放在讲台上，要学生写出他们所知道的关于岩石的一切。但是，与直观教学相比，他更注重发展学生理解事物内在含义的能力。在课堂教学中，他的思维常常会从课程内容很快地转到学生的现实生活方面去。他总是说："你们已经不是小孩子了，你们将很快成为管理这个市镇的栋梁人才。"每天早上，他都给孩子们读一段《圣经》。以后，当博伊丹校长聘到更多的教师时，他就不在课堂里教课了。他建立了一支忠诚可靠的教师队伍，并给每位教师根据他自己的意愿进行教学的自由。博伊丹校长的名声和影响，与其说是在教学指导方面，还不如说是在道德教育方面获得的。他与学生之间建立了亲密的关系，这是一直令人惊讶的。60多年来，具有高度的道德感是迪尔菲尔德中学学生的特点，而这一特点正是由博伊丹校长所唤起的。可以说，博伊丹校长的伟大之处就在于此。从一开始，他就承担了一种责任，不仅负责学生知识的发展和学术水平的提高，而且也负责学生的社会生活、娱乐活动和宗教义务。他举办舞会，并亲自填写和分发舞会请帖。在做这一切的时候，他充分相信没有一个人会对舞会不感兴趣。在舞会散场后，他与孩子们乘上从格林菲尔德到北安普顿的无轨电车，一路同行，保证每个孩子都能在正确的目的地下车。假如碰巧乘的是一辆末班车，那么，他返回时就得步行6英里到家。博伊丹校长确信，应该使孩子们保持忙碌。他与他们一起挖沟，以及制作蜂箱、孵卵器和独轮小车；一起用斧头和横切锯伐木做柜子，以便收藏他们的活动器具。就在担任校长的第一年，博伊丹就在学校大楼前门内侧的暖气管道旁放置了一个放卡片的桌子，作为校长办公的地方。他之所以这样做，并不是因为学校里没有房间供他办公，而是他希望这样做会使人们养成习惯。看到这张桌子，似乎就看见校长在办公。这样，当他不在学校时，学校里也不会发生什么事情。几年以后，当现在的主楼建成后，他请建筑师在一楼宽广的门厅中央过道上设计了一块地方——学校里最主要的交通中心——那里过去是、现在仍然是他放办公桌的地方。当他对秘书口授文件、打电话或等待约会时，他可以看到孩子们在班级之间走来走去。他具有一种发现问题的非凡洞察力。如果学生的情绪不好，他便能感觉出来；当一个孩子在学习和生活中受到挫折时，他也可以从这个孩子的脸上看出来；而且，他还能考虑到孩子们需要商议的一些较小的事情，所以，他能找出他们的困难之所在，并为解决这个困难尽力而为。尽管官僚习气已经渗透到一些机构和企业，尽管学校的规模已经有所扩大，但博伊丹校长仍然在学校中保留了他的家庭教育方式。在他从事教育工作的初期，他发现，管理28个学生就像管理14个学生一样容易，管理56个学生也像管理28个学生一样容易……直到1939年后期，他已经有了500多个学生。以后，迪尔菲尔德中学的在校学生人数一直保持在这个水平。他说："我能管理500个学生，但如果再增加100个学生的话，我恐怕就不行了。"

　　大多数学校都制定有详细的书面形式的学生守则，违反守则的学生将要受到处罚或者开除学籍。在预备学校中，恰当的开除率是学校生活的一个不可缺少的准则。但是，在迪

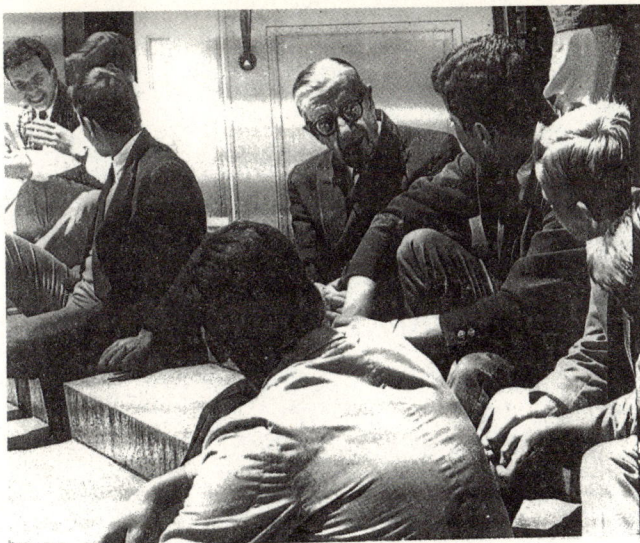

博伊丹校长与学生交流

尔菲尔德中学，没有书面形式的学生守则，也没有安排某种处罚。在64年里，博伊丹校长仅仅开除了5个学生。他这样说："为了一个愚蠢的错误而处罚孩子，那么，这个孩子就可能会因此而失去他身上所具有的并伴随他今后生活的某种特质。我可以给你看一所学校所制定的一份长达30页的学生守则，但在那样的学校中可以说是缺乏灵活性的。我宁愿在保证学校不出现违法乱纪的事情方面多做一些实际工作，也不愿意像某些人那样满足于制定什么道德规则。你总不会有一个有着3个孩子而又不出一点问题的家庭吧，所以，如果你有500个孩子的话，那么碰到一些问题也就不足为奇了。假如你制定了很多规则，那他们也决不会按你的要求一条一条地行事。也许，在制定出规则两小时后，你就会想去改变它们的内容。我们这里的规则并不是书面形式的，但我们给学生的例外性要大于对他们的强制要求。我一直记得当时的华盛顿

学院（现华盛顿大学）院长罗伯特·E·李（Robert E. Lee）说过的一句话：'一个孩子比任何一条规则更为重要。'在一般情况下，任何一个儿童集体百分之九十的成员是不会有越轨行为的。这样，你必须把大约百分之九十的人作为一个核心。那么，问题就在于：在这个集体中，你还能够吸引其余的多少人？"

我们说，迪尔菲尔德中学没有制定书面形式的学生守则，这并不等于说那里是一个孩子们可以凭借个人感情冲动而为所欲为的地方。把迪尔菲尔德中学描绘成"一个镀金的鸟笼"，也许是比较恰当的。它与埃克塞特、安多弗这样的学校之间最根本的区别就在于，埃克塞特中学、安多弗中学在通过建立一系列学校生活规章制度之后，再给学生相应的作息自由，以在培养学生独立自主的能力方面有意识地进行一些尝试。在一定的范围内，埃克塞特中学、安多弗中学的学生可以旷课，他们将拥有由学校提供给他们自己支配的时间。迪尔菲尔德中学的学生每个星期天也有几个小时由他们自己支配，但是，他们的大多数时间是由学校为他们安排好内容的，学生常常需要参加学校为他们安排的活动。博伊丹校长对埃克塞特中学、安多弗中学的尊敬和赞扬是有缘由的，他常常喜欢引用他与安多弗中学校长的一次谈话。那位

博伊丹校长在看学生做化学实验

校长对他说："也许你是对的，也许我们是对的。无论如何，这两种类型的学校的存在都是必要的。"由于考虑到未来学院的生活情况，所以，埃克塞特中学、安多弗中学试图使学生从现在起就为行使以后进入学院后将会得到的自由权利做好准备。这两所学校的学生很高兴，他们现在就享有自由，而且没有一个人会受到妨碍。然而，博伊丹校长确信：一个孩子一生能否幸福，取决于他在中学期间是否受到了足够的纪律教育。换言之，一个孩子在中学期间比以后更需要纪律教育。如果在孩子们进入学院之前就按学院的一套行事，那是毫无意义的。他说："孩子们需要安全感，没有压制因素的纪律可以增加他们的安全感。人们有时未能意识到这一点，但是，孩子们在某些场合确实喜欢一个指挥官。我们尝试给孩子们一种你们可能称之为'有管理的自由'。我们是传统纪律的最后堡垒。我们对新的事物感兴趣，但是，我并不打算抛弃那些最基本的东西。"

在迪尔菲尔德中学，一个新来的学生很快就会意识到，他不做自己分内的事，就不能成为这个集体的一员。博伊丹校长能够使学生们产生这种感觉，其程度远胜于大多数家长所追求的。在那里，所有的学生都处于平等的地位，可以发表各自的见解和看法。获得奖学金的学生并没有特殊的职责，如膳食服务工作等，每一个学生都必须做那样的服务工作。事实上，博伊丹校长坚持认为，不应该让享有奖学金的学生讲出他们享有奖学金，因为那样就可能破坏他试图建立起来的平等感。他的学校从原来的默默无闻渐渐发展为名声卓越。现在，经常有许多感兴趣的教育理论家来学校访问。一位学术研究者曾花了几天时间在学校里进行调查，最后说："这里没有任何制度，但是，学校的日常工作却在正常地进行着。"这类访问者使博伊丹校长感到难堪，就像他使他们感到为难一样。他这样说："到这里来的人都认为我们肯定有某些惊人的方法，事实上，我们只是按照我们对孩子们所抱有的希望去对待他们。我们会使他们保持忙碌，不让他们闲散。因此，我们只是做了许多实际的事情。它们并不是什么理论性的东西，而仅仅是充满生气和活力的生活本身。我希望，我们的大多数孩子愿意去做那些我们要求他们去做的事情。我们使用一根轻巧的缰绳去驾驭学校这辆马车前进，但如果需要的话，我们还可以不要这根缰绳。当出现什么情况的时候，我们是能够恰如其分地进行处理的。"

博伊丹校长作为一个实施纪律者所具有的艺术，使他经常能预见到某些事情，并防患于未然。例如，他可以从学生们吵嚷声的高低中听出有无问题发生，也可以从目睹学生们坐立不停的程度大小中得出结论。学生们所做的一些事情就好像是印在书本上的内容，而他只不过是在阅读这些内容而已。这就是他相信有必要举行全校性聚会的一个原因。他说："你必须每天至少一次，把你的学生们作为一个集体召集起来，就像你每天一次把你的家庭召集在一起一样。因此，根据这样的想法，傍晚的集会就成为了迪尔菲尔德中学的一个传统做法。到时，所有学生坐在学校礼堂前厅里那块很大的地毯上聆听校长的讲话。校长有时可能就讲一个轶事性的故事，有时又可能谈关于体育运动比赛和其他活动的情况。"今天下午，B级橄榄球队6：0击败霍利奥克中学少年代表队。B级橄榄球队的教练说："在比赛中,查利·希勒(Charlie Hiller)在刚开始时的两分钟内就获得了底线得分。"在随之而来的鼓掌声中,不仅查利·希勒这个运动员受到了激励,而且整个学校也受到了激

博伊丹校长在全校集会上

励。在星期天晚上的集会上,或是举行的宗教仪式上,或是像大家所说的"星期日夜晚合唱"上,学生们一首接一首地唱歌。其间,如果有牧师或教育家来访的话,学生们就会停下来听他们作一次简略的讲话。在合唱表演中,学生们歌声是否宏亮,是博伊丹校长判断下周学生集体气氛将会怎么样的标准。以此为依据,他会在随后的连续几天的傍晚集会上,根据具体情况,对学生或进行责备和告诫,或给予勉励和赞扬,或激励他们快乐起来,或对他们发点牢骚。在这种场合,他经常使用的评论,不外乎这么几句格言——"不要自满"、"打起精神来"、"坚持就是胜利"——他反复地使用这些话语,以致迪尔菲尔德中学的毕业生在离开学校很久以后,对博伊丹校长的这些话语仍然是记忆犹新。迪尔菲尔德中学的一位教师这样说:"他具有掌握整个学校的诀窍。"

　　然而,最根本的是所有关于纪律的问题变成了校长和每个学

生之间的一件私事。大多数孩子如果做了一件伤害校长感情的事情,他们就会感到内疚。与他的伟大前辈拉格比公学校长托马斯·阿诺德不同,博伊丹校长不相信学生是他的天生敌人;相反,他似乎要使学生们相信,虽然他是"一贯正确"的人,但他非常需要学生们的帮助。一个现在是当地农夫的1919年届毕业生说:"当你意识到正在做的某些事情是错的,你就会感到自己深深地伤害了他,并决定不再继续做下去。他具有24小时的控制力。"一个1928年届毕业生说:"无论你以前做过什么错事,只要你把真实的情况告诉他,那就没有什么关系了。"还有,一个1940年届毕业生也说:"不管事情是什么,你都不会去做它。因为你去做了,就可能把沙子往他的眼睛里放。"但是,如果有必要的话,博伊丹校长会给一个有问题的学生二次、三次、四次、五次或六次的改正机会。有的时候,学生们在休息时间不好好休息,却对一些事情冷嘲热讽、大发议论,而校长这时并不马上就制止这种情况。一个在读高年级时常常与校长作对的1949年届校友现在说:"我的行为将使我自己被开除出去。"的确,博伊丹校长当时完全有充分的理由勒令他退学,即使是任何一所学校都会毫无顾忌地开除他,但是,校长让他毕业了,并送他进入了普林斯顿大学。今天,校长甚至已经记不起这个小伙子过去曾常常是引起麻烦的祸根。他不能忍受像"怨恨"这样的情感。他希望把一些事情谈清楚,然后就把它们忘掉。他对宽容的潜在影响是很敏感的,因此,有时候他会冒险地把学生召集起来,询问他们的嗜好。有一次,一个孩子在从另一所学校返回的汽车上喝了五分之一瓶多的威士忌,晕倒在车内过道上,并因此而生病。后来，博伊丹校长在学校里把全校学生召集起来说，出于维护学校纪律的缘故，他不得不让这个学生离开学校，除非大家能保证他以后不再发生类似的事情。但事实上，校长远比人们想象的要心软得多，所以，这个学生因而逃脱了处分。人们常常想知道，究竟是什么事情使得博伊丹校长开除一个学生，所以，当他这样做了，并开除五个学生后，开除他们的原因就引起了人们的特别关注。这五个学生被开除的原因各不相同，但有一点是相同的，那就是"屡教不改"。他们中有一个人曾犯了19次不同内容的过错，甚至包括纵火在内的过错。不过，即使如此，如果他对校长承认错误的话，那他仍然有可能被留在学校里。

一个颇有才能的学生曾告诉博伊丹校长，他只能在半夜和拂晓之间的那段时间里写英语作文。这个学生声称，除了那段时间外，在一天内的任何时间他都毫无思绪。这本来并没有什么，但问题在于，当这个学生的劲头过去后，他就不可避免地进入梦乡并因而耽误了上午的课程。而且，更麻烦的是，像所有的天才人物一样，这个学生很可能会吸引一批模仿者。于是，博伊丹校长对全校学生提出了这个问题。他说："你们愿意让麦克·法雷尔（Mac Farrell）通宵不睡地写他的英语作文吗？难道就他一个人这样做吗？"学生们点头赞同他提出的问题。

为了观察和了解一个"异常"的学生，博伊丹校长常常会站在一个并不令人舒服的角落里。他曾有两个学生——爱好艺术的麦克·法雷尔表兄弟——他们喜欢绘画，尤其喜欢在夜晚出去画夜景画。他们会借着月光画墓地，去昏暗的街灯下画古老的建筑物。校长知道他们正在画画，就会远远地站着观看。他个人的爱好一直在自己熟悉的、单纯的和传统的体育活动上，而对艺术知道得并不多，对于这方面的兴趣就更谈不上了。但是，他对待这两个学生的方式，后来证明了他恰恰是一位谨慎而正确处事的校长。现在，在这两个学生中，有一人担任了普林斯顿大学书画刻印艺术博物馆的馆长。这个学生回忆说："博伊丹校长像我一样是从外地来到迪尔菲尔德的人，但是，他却富有同情心和宽容精神，并能容忍他人——叫我怎么说呢——他对待我们的方法是那么得当，的确是令人难以置信的。"

迪尔菲尔德中学的一些学生最初可能犯过一系列小错误，并相信这一切都会被忽略过去而不为人知。但是，最后博伊丹校长会叫住一个学生，然后拿出一个小本子，讲出他自进入学校第一

博伊丹校长在学生宿舍里巡视

天起所犯过的错误。多年来，校长就像学校的一个看门人一样，会在半夜里巡视校园。一直到1929年年底，在每天晚上的自修时间，他都要到每一幢宿舍的每一个房间去兜一遍。在那时以后，他仍然不时会这样做。他从不在晚上对学生讲一些不愉快的事情。他也从不威吓学生。如果学生有过错的话，他只是私下里使

学生感到惭愧和内疚。他很少赠予学生们一些小礼物，但却乐意与他们交换礼物。假如一个学生想问他一些问题，他也会反过来问那个学生一些问题。这里没有学生会，也没有教师委员会，帮助管理迪尔菲尔德中学。博伊丹校长也从未想到要建立那样的组织。高年级的班长是在开学前夕选举出来的。现在在校的学生都说，他们并不需要学生会，因为他们觉得如果那样做的话，在某种程度上也许会成为一个笑柄。

第四章

体育运动是学校管理的一大秘诀

博伊丹校长提出的让全体学生进行体育锻炼的原则，已成为学校课程计划安排的主要依据之一。现今，就体育运动而言，迪尔菲尔德中学是无敌的。过去，博伊丹甚至没有足够的学生组成一个运动队，但现在他使500多个学生都成为了运动队员。当迪尔菲尔德中学的学生挑选好一个运动项目时，校长就自动组成了一个队，并安排好与别的学校进行比赛的详细日程表。例如，迪尔菲尔德中学通常至少有八个篮球队，每个队都有自己的球服，并可以外出比赛；而且，所有非主要的篮球队也都达到了学校代表队的水平。在足球、棒球、橄榄球、乒乓球、长曲棍球、橡皮球、游泳、溜冰、田径和越野赛跑中，也同样如此。

除少数学生外，迪尔菲尔德中学的每一个学生都被要求一年内参加三项体育运动。在那里，任何一项运动的组队数目都不是固定不变的，而是根据学生们的兴趣爱好来定，也许这一年橄榄球队居多，下一年又是足球队居多。迪尔菲尔德中学已选送了一批体育明星——例如，像去阿默斯特学院的马特·雷（Mutt Ray）和去哥伦比亚大学的阿奇尔·罗伯茨（Archie Roberts）那样的橄榄球运动员——但是，它并不真正是培养著名运动员的地方。博伊丹校长确信体育运动在学校教育中所起的作用，但是，他更确信每件事情都应该有它自己的位置和时间。迪尔菲尔德中学从来没有给予运动员额外的训练时间，也从来没有同意过他们去

迪尔菲尔德中学的操场

进行不合时宜的体育运动。在秋天和春天里，篮球训练被取消了，篮筐实际上从篮板上被移走了。

在早些时候，博伊丹校长作为一个队员，确实对迪尔菲尔德中学队产生了一些有利影响。有一次，在棒球比赛的防守局中，在他接住了掷球手传来的球而自己的棒球手套掉下来的一瞬间，对方的队员已安全地滑到他的身下，尽管如此，裁判却马上对这个人说："出局。"别的棒球队员也为校长的幸运而喝彩。然而，校长不得不告诉裁判说："对方那个小伙子是安全踩垒的。"实际上，从一开始，博伊丹校长就一直教导运动队员要具有运动员应有的风格。那些记得当时情况的人说，校长是那个地区第一个在体育活动中强调文明道德和礼貌的人。校长自己当时说："我们可以希望运动员们对别的事情感兴趣，但是，我们必须面对现实状况。

无论如何，因为他们将要参加体育运动，所以，我们必须培养他们具有一种道德力量。"因此，不管迪尔菲尔德中学队的队员多么有能力，也不管一场比赛已变得多么扣人心弦，如果一个队员在场上发脾气的话，那么他就不能继续参加比赛。另外，如果一个篮球队员对他正在防守的对方出言不逊——甚至说一些诸如"笨蛋，冲上去，投篮"的话，那么他就会被其他队员替换下来。

体育运动是使迪尔菲尔德中学变得闻名的一个方面。博伊丹校长从一开始就想使他的运动员们穿上漂亮的队服，并有齐全的训练设施。早些年，校长经常至少把自己薪酬的三分之一花费在添置学校的体育设施上。镇上的一位妇女向学校提供一笔捐款，校长问她是否能把这笔钱用来买篮球队的队服，那位妇女对他说："你做的那些事情已经鼓舞了这个社区全体居民的精神。用这笔钱去买你能买到的最好的队服，但是，请不要告诉任何人是我给你钱买了这些队服。"

博伊丹校长与学生棒球队在一起

博伊丹校长亲自参加迪尔菲尔德中学运动队的比赛，一直到他大约35岁左右。从那以后到他将近80岁，他又一直担任学校橄榄球队、篮球队和棒球队的首席教练。他说："如果没有一个有经验的人来接替我，使得我们的球队能在一场又一场的比赛中取胜的话，我是不会退出这些球队而告老还乡的。"校长的橄榄球意识总是含糊的，但却是富于想象力的。他的防守部署是不明确的。在他当队员和任教练期间，他拉住对方前锋队员的腰带以便自己的后卫队员——包括他自己在内——能够借此机会向前迅速跑动。在棒球比赛中，他又使用了一套简单的战术。64年来，校长一直这样说："如果你能用手套触到一个飞球而不能用棒击到球的话，那你是说不过去的。任何人都能学会短打击球 [1]。"迪尔菲尔德中学队通常运用紧逼战术，仿佛除此之外，就没有别的战术可以选择似的。在75岁之前，校长不断地为他的棒球队寻找一些有趣的方法。看到他在为那激战的棒球赛内场寻找画线员的时候，那肯定是迪尔菲尔德中学棒球比赛最高潮的时候。

　　在他的教练工作将近尾声的时候，博伊丹校长发现，他不能像过去他喜欢做的那样，在非常快速的传球中击到球，于是他就抱怨场地不够坚硬。作为一位教练，他的主要才能是他似乎总是知道一个孩子能够做些什么，并据此对这个孩子提出他的能力所及的期望。不知为什么，校长几乎知道一个投手通过的时间。在一场比赛中，如果他的助理教练偶尔劝说他不要当投手时，那助理教练的"灾难"往往就会随之而来。对于橄榄球比赛中不懂的地方，他就求教于孩子们，所以，他能赢得一场评论公正的比赛。博伊丹校长曾经这样做过——在1919年初的一场橄榄球比赛中——把他的四分卫 [2] 叫到球场旁边，并对他说："你真像一匹赛

---

[1] 短打击球，棒球比赛中的一种术语。——编译者注

[2] 在橄榄球比赛中指挥进攻的人。——编译者注

博伊丹校长在观看学生进行棒球训练

马。但是，有时你过于紧张了，以致不能很好地尽到你的职责。放松一点，你将会跑得更快。"

现今，来访者们有时会觉得，博伊丹校长在球场边线上走来走去的样子有点像一位身材矮小的职业演员——那时他已满86岁了，穿着一件几乎拖到地上的粗绒呢料的运动员外套——他的动作使人感到他好像马上就要参加比赛似的。他们不可能想象的事情是：当博伊丹校长回忆起他亲自上场与一些小规模的地方学校比赛时，整个迪尔菲尔德中学棒球队只有15或20个队员；而60多年后的今天，他看着他的运动队接二连三地底线得分，直到最后28：0战胜埃克塞特中学队的场面，他知道这对他意味着什么。作为一位似乎已经退休的教练，校长仍然像以往一样，在比赛前作同样内容的演讲。他想通过一种冒险的、不屈不挠的和全面出击的战术战胜对方，并且要赢得漂亮。但博伊丹校长说："不良运动作风的结果会使我们失去某些东西。请记住，以一种具有运动员风度的方式输球比赢球和贪婪地盯着奖杯更好。"他在这种情绪中沉浸了一会儿，直到内心渐渐地平静下来。然后，他又说："现在，孩子们，让我们一分钟也不要松劲，争取打赢这场比赛。如果可能的话，那让我们赢他们40分。"

第五章

博伊丹校长的青少年时代

　　博伊丹校长从未想过，要把整个迪尔菲尔德中学在很大程度上变成为一所预备学校。他认为，一所中学所提供的教育应该从它自己的实际情况出发，从它的各个方面来加以考虑，因为学校不仅仅是一条通往学院和大学的渠道。他说："在我们这里，能解决一些学院和大学不能解决的事情。哈佛大学的亨利·彭尼帕克（Henry Pennypacker）院长总是这样说：'一个人在30岁以后，在处理大多数社会和道德问题方面，仍然是按照他在中学里所受到的教育来进行的。'我的哲学——我无法表述它，但它确实是这样的：我相信孩子们。我认为，要他们保持忙碌，并用最高的标准来要求他们。我相信一种心智非常健全的生活。这样的生活通常会渗入学校中来。我打算去做一个良好家庭为它的孩子所做的那些普通事情。"当博伊丹校长表述这些思想并运用诸如"心智非常健全的生活"这样的话语时，他主要是以自己在马萨诸塞州福克斯博罗的少年时代为依据的。他这样说："从根本上说，它是对那个时代准则的一种承认。你们看，家庭是占有优势的。"

福克斯博罗大约位于波士顿和普罗维登斯的中间。在博伊丹还是一个孩子时，它是一个只有约2.5万人的市镇。在那里，草帽行业占有重要的地位；此外，它还有一个铸铁厂。这家铸铁厂是在美国独立战争期间，镇上居民为美国军队铸造大炮而建立起来的。之后，它又生产红色火警箱供应纽约城。博伊丹家拥有一家翻砂厂。他的父母早年曾担任学校教师，但在他出生之前，他们就改行经营翻砂厂。他们也像镇上的每一个家庭一样，饲养着几头牛、几匹马、一群鸡和一头猪。此外，他们还有150英亩土地用来种蔬菜。博伊丹校长说："当我今天看到拥有很多土地的农夫还去买蔬菜时，我真感到有点迷惑不解。"1879年，博伊丹出生在一幢很大的白色木头结构房屋里。这座建筑至今仍然是一个吸引人的地方。

从1643年以来，博伊丹家就一直定居在马萨诸塞州。那个时候，一个名叫托马斯·博伊丹（Thomas Boyden）的契约奴从英国来到马萨诸塞州，想在塞勒姆找一份工作。以后，托马斯·博伊丹还清了债务而成为了一个自由民，并为"新红砖学院"——哈佛大学的建立捐过一蒲式洱[1]小麦。博伊丹校长的叔祖父塞思·博伊丹（Seth Boyden）是一个可以被称为"精明的美国佬"的人，曾发明了第一张漆皮，制作出美国第一张早期照相技术拍摄的照片，还对铸铁技术进行了改进。对于这些技术专长，博伊丹校长一样也

---

[1] 蒲式洱，计量谷物的容量单位，在英国等于36.368升，在美国等于35.238升。——编译者注

没有继承下来。他不喜欢摆弄机器，事实上是他对那种有运动装置而没有生命的东西抱有疑虑。他的外祖父凯利（Cary）拥有那家铸铁厂。博伊丹校长在很多方面与他的外祖父凯利相似。凯利以"小个子"而闻名，在70多岁时仍然有着铁灰色的头发。他手下的工人总是说："如果你要四处去找他的话，那你肯定找不到他，但是，只要你留在原地，那么，在5分钟内'小个子'就会转回来。"大家都知道，博伊丹校长的外祖父凯利曾在马萨诸塞州参议院和众议院任职。据博伊丹校长回忆，他的父亲本杰明·富兰克林·博伊丹（Benjamin Franklin Boyden）也曾在州参议院和议会任职，但他是一个富于幻想而不讲求实际的人。关于母亲，博伊丹校长现在所能回忆的并不多。"她是主日学校的一位非常好的教师，同时也是一个慈悲的和具有虔诚的宗教信仰的人。在我们生活中，大部分时间都用于公理会教堂的活动。每星期天，我们通常去教堂参加三次仪式。我想，我之所以不参加四次祈祷仪式，唯一的理由是教堂没有举行第四次祈祷仪式。"迪尔菲尔德中学的孩子们在星期天举行两次宗教祈祷仪式活动。第一次不是由校长主持，而是由当地一位牧师来主持。第二次，即星期天晚上合唱会（Sunday Night Sing）由校长来主持。博伊丹校长在会上为大家挑选《圣经》中最激动人心的部分来进行朗读，并合唱大家较熟悉的圣歌——有时是一首诗，至多是两首诗。校长把晚会办得很有吸引力。博伊丹校长说，在他年轻时，他所在的班级就是"主日学校里最调皮的一个班级"。他保存了一张照片。在那张照片上，他身着主日学校的的校服，看上去不像很强硬的样子，但目光里却显露出一种明显的威严感，使人感到如果这个小男孩轻轻地拍一下手掌的话，那么，凡是听到掌声的人肯定就不会再吱声。他的脖子上系着一条带有花边的类似小垫布的东西，眼睑下有一些小肉囊。博伊丹是家里四个孩子中的第三个孩子。他小时候读了很多书，每天晚上他与一位姨妈玩十五子游戏[1]；白天，他就到一所被父亲称为"一间屋学校"（one room school）读书。在冬季经常结冰的季节里，他滑雪到学校去。一路上，他要经过一段长满酸果蔓的沼泽地和一片长势不好的橡树林和松树林；而且，还要经过一些属于他家所拥有的池塘。

在迪尔菲尔德镇生活的整个时期中，博伊丹一直频繁地回福克斯博罗。每周，他都读福克斯博罗的报纸，并且说"没有它，我就无法生活"。虽然他现在已经没有一个亲人在那里，但福克斯博罗是他的家乡。在福克斯博罗，博伊丹校长会指着一片很高的松树林说："那曾是我们割草的地方。在干旱的夏季里，你休想能从那里得到任何东西——甚至是干草。我们常常在那里打棒球。"福克斯博罗图书馆（Foxboro Library）是一幢19世纪的小建筑物，看起来有点像一幢只能起装饰作用的房子，在校长的孩童时代它就已经被称为"博伊丹图书馆"了，至今亦是如此。在镇上公共用地的四周，围着一道漂亮的铁栅栏，那是由校长的外祖父设计并在他自己的铸造厂制成的。穿过一片树林地，博伊丹校长朝着一条干涸的河床走去。这个河床位于一块开阔的洼地上，四周长

---

[1] 十五子游戏，一种双方各有15枚棋子、掷骰子后决定行棋数的游戏。——编译者注

满了很高的落叶树。他说："铸造厂建在那里是对的，它的位置大小正合适。当时有70个工人在铸造厂工作，他们都是有技术的铸造工。"他认为，他们中有不少人是酒鬼；他也补充说，因为这一点，他总是想分辨出站在面前的人是否是个酗酒者。怎样分辨呢？那就是，"喝过酒的人的脸部表现是与正常人不同的"。

博伊丹校长曾在福克斯博中学（Foxboro High School）学习，并随1896年届班级毕业。那时，他才16岁。他说："那时太年轻了，在中学里我没有什么竞争。在毕业时，我对教育还没有什么兴趣。"现今，博伊丹的学校也开设先修课程（advanced cource）[1]，但那仅仅是因为大多数人的意见才迫使他赞同这样做的。他清楚地感到，如果跳级的话，那么一个人的个性发展就有受到损害的危险。另一方面，如果在1890年时福克斯博中学就开设先修课程的话，那么他不可能对教育失去兴趣。中学毕业后，博伊丹没有进入学院继续学习深造的愿望，而在一家杂货店当店员。他一心想成为一个能干的杂货店主，以至当店里新来的伙计在提油桶时沾了一手油就激怒了他。他说："有一种方法可以拿稳桶把，而使得手又不沾油。但是，掌握这种方法需要经验。"博伊丹也为他父亲干活，每天驾着一辆马车在火车站和铸造厂之间来回跑五趟。最后，所有这一切使他自己感到厌倦，求知欲又重新回到了他的生活之中。他决定参加阿默斯特学院的入学考试。这意味着，他必须在九个月之内学会拉丁文和希腊文，同时要补习英语、数学和历史。他说：

---

[1] 先修课程，为中学优等毕业生升大学跳班而设立的课程。——编译者注

"从那时起，我养成了专心致志的能力。我不得不那样做。"

博伊丹校长所在的班级——1902届班级——在阿默斯特学院刚读完一学期后，班上就有六分之一多的学生因为不及格而被要求退学。校长这样回忆说："我是那样的没有经验，那样的自惭形秽，那样的惊慌，以致我回到家里就只是待在自己的房间里拚命做习题，做习题，还是做习题。"像所有的大学一年级新生一样，他受到阿默斯特学院里11个大学生联谊会的会见。这是大学生联谊会吸收新会员的第一步。在吸收新会员的程序中，下一步就是对那些使他们感兴趣的新生进行第二次会见。但是，博伊丹并没有受到第二次会见。他说："我好像是一个无足轻重的人，从人群中被划了出去。这是真实的。这是一个公正的判决。我恰恰被永久地剔除了。"从那以后，博伊丹校长的同班同学开始叫他"苦干者比尔"(Plugger Bill)。在现今还健在的同学中，没有一个人能对他们为什么叫博伊丹"比尔"这个绰号作出一个令人满意的解释。其中，有一个人解释说："我们之所以那样叫他，是因为这个绰号听起来比较悦耳。"不管其理由是什么，博伊丹校长一直被阿默斯特学院的朋友们叫做"比尔"。校长现在说："我从不喜欢被叫做'苦干者'，但我非常喜欢'比尔'这个姓，而讨厌'弗兰克'。"与在阿默斯特学院学习的时候相比，他的同学们在后来的生活中对他有了更多的了解。他们中有些人还是迪尔菲尔德中学的董事，不只一次帮助学校度过难关，免遭破产的危险。在这些人中，有两位至今还健在，如果不是阿谀奉承的话，他们对在阿默斯特学院学习期间的博伊丹的回忆是有意义的。斯普林菲尔德市一家糖果公司退休总经理罗伯特·J·克利兰（Robert J. Cleeland）回忆说："'苦干者比尔·博伊丹'本身就表明了这一点。起初，他完全没有给我留下什么印象。他是一个喜欢'开夜车'的人。我们之间没有什么交往。后来，我参加了运动队，才知道他叫'苦干者比尔·博伊丹'。关于他，可以这样说，如果你让他站在十个人中间，然后从中挑出有成就的人，那么，你会最后依次才挑到他。他在班上是默默无闻的，但现在是班上最有出息的人。也许，你以为一粒种子只要观察一下就可以知道它以后是否会结出硕果来，但我认为你是做不到的。"另一个老同学、波士顿R. H. 斯特恩斯百货公司董事长罗伯特·W·梅纳德（Robert W. Maynard）把1902届这个班级描述成"一个倒数第一的班级"。他说："从来没有人想到我们这个班会出人才。我第一次看见'比尔'，是在布莱克运动场上。当时，一年级新生正与二年级同学进行棒球比赛。'比尔'像是个一点事也不懂的小家伙，尽管他一心想加入棒球队，但是未能如愿。他的学习成绩很好，喜欢体育运动，工作也很努力。最后，卡潘优秀学生联谊会吸收他为会员。这个联谊会还吸收了一些'被遗弃'的人。"

在大学生联谊会中，在了解当一个人被视为失足者会是一种什么情况的同时，博伊丹也体会到作为一个比较贫困的人会有什么样的想法。一场大火毁掉了他家在福克斯博罗的那个没有保过险的铸造厂。因此，在他读大学一年级的时候，他没有多少钱。有一次他在买了一个冰淇淋蛋卷时，就曾为浪费钱而感到像犯了什么罪似的。博伊丹对体育运动有兴趣，然而，他从来没有参加过一个运动队，因为他的个子太矮小。他自己认为，他的运动技术也不是很好。但是，他曾管理过网球队。他曾是一个出色的辩论家。在阿默斯特学院的演唱会上，他也曾给人们留下了深刻的印象。如今，迪尔菲尔德中学两个最鲜明的特点，也正是它的演讲团和规模很大的合唱队。在阿默斯特学院，有少数人曾看到了博伊丹的潜在能力，道德哲学教授查尔斯·爱德华·加曼（Charles Adward Garman）就是其中之一。加曼教授对博伊丹说，你以后会成为一位优秀的律师。博伊丹称加曼教授是"美国最伟大的教师之一"，并说加曼教授当时之所以拒绝考虑去应聘一些著名的学院院长和系主任职位，那是因为他愿意留在阿默斯特学院，以帮助像德怀特·莫罗（Dwight Morrow）[1]那样的人才进入社会。以后，博伊丹担任迪尔菲尔德中学校长后，他也多次遇到受聘一些获得高薪和学校设备条件更加优越的校长职位的机会，但是，他对加曼教授的深情回忆，使他继续留在了迪尔菲尔德中学。1902年届阿默斯特学院四年级班级手册里有着这样一段记录："通过一次投票表决，作为一个使学院获益最大的人，马吉尔（Magill）争取到了博伊丹。"

---

[1] 德怀特·莫罗，美国律师、金融家和政治家。——编译注者

第六章

迪尔菲尔德镇的风情与历史

　　过去，在新英格兰地区，几乎每个镇都有几所中学。但是，现在它们中的大多数如果还留下什么的话，那就是仅仅成为其他建筑物勾划出的外廓。人们常常说，弗兰克·博伊丹也许会在他偶然路过的这类遗址中的任何一个地方建立起一所重要的学校。他碰巧到迪尔菲尔德中学去了。对迪尔菲尔德中学来讲，这是一种偶然的幸运。然而，有人并不这样认为。他们说得很多，概括起来就是，无论如何，博伊丹能来到迪尔菲尔德这样一个镇才是幸运的。

　　17世纪时，迪尔菲尔德镇

迪尔菲尔德校园一景

是马萨诸塞州边缘地区的一个主要的移民区。它的第一任镇长是马瑟（Mather）。在这块土地上诞生的第一个婴儿起了一个众人皆知的名字——米哈门·欣斯德尔（Mehuman Hinsdell）。后来，印第安人第一次袭击和清洗了该镇。一些移民逃走了，只有少数人又重新返回该镇。在后来的安娜女王战争（Gueen Anne's War）[1]中，一个驻在加拿大的法国将军毫不迟疑地作出了屠杀这个镇的计划。他利用两个印第安人部落扩充了他的部队，并在冬季里开始向南远征。直到1704年2月29日之前，迪尔菲尔德镇的居民对这个阴谋毫无所知。那天，印第安人踏雪冲进镇里，停停，走走，停停，走走——可笑地（或许是成功地）试图使他们的脚步声听起来就像刮风的声音一样。在积雪的地上，他们跳过屋外的栅栏，一面用战斧为自己冲进房屋里开路，一面发出刺耳的喊叫声，声音之大远远超过那些被枪击和被砍成肉块的人的痛嚎与呻吟。法国人冷眼旁观着这一切的发生。事后，有40个人被埋葬在公墓的一个公共墓穴里。这个墓地现在就在迪尔菲尔德中学的校园里。在米哈门·欣斯德尔的墓旁，碑文上写着："他曾两次被印第安人绑架过。"在新斯科舍的一次报复性袭击，成为了亨利·沃兹沃思·朗费罗（Henry Wodsworth Langferllow）[2]的"福音"的背景。在现今迪尔菲尔德中学的老式校舍建筑中，有两幢房屋是在人们所说的"迪尔菲尔德大屠杀"之前就已存在的，但是，其他的老式房屋大

---

[1] 西班牙王位继承战争期间，在美洲发生的一次战斗。这是英法两国为争夺北美的第二次军事对抗。——编译者注

[2] 亨利·沃兹沃思·朗费罗，19世纪最著名的美国诗人。——编译者注

多数是在安娜女王战争和美国独立战争之间的和平时期以及后来的繁荣时期所建成的。1776年6月，迪尔菲尔德镇宣告独立。美国陆军上校本尼迪克特·阿诺德（Benedict Arnold）曾在那里为大陆军队征购食物。1797年，迪尔菲尔德中学开始建立。在随后的大约50年里，迪尔菲尔德中学不仅吸引了当地的孩子，而且也吸引了其他镇和其他州的孩子去那里上学。然而，到最后，它衰退为一所规模很小的和纯粹是地区性的地方学校。

19世纪时，迪尔菲尔德镇首次引起了一个旅游者约翰·昆西·亚当斯（John Quincy Adams）的注意。他说："迪尔菲尔德镇的村庄和河谷之美远远胜过我以前所到过的地方，包括那不勒斯海湾在内。"显然，它吸引了各种各样的人，约翰·L·沙利文（John L. Sullivan）[1] 曾在那里待过，弗兰西斯·帕克曼（Francis Parkman）[2] 和拉尔夫·沃尔多·埃默森（Ralph Waldo Emerson）[3] 也在那里待过。以后，迪尔菲尔德镇成为了在某些方面有重要影响的艺术移民区。

1902年，当博伊丹来到镇上的时候，那里曾有一个居民的自发组织。该组织的成员已作出决定，要保护迪尔菲尔德镇的古老建筑物。像这样热心的人们，在新英格兰地区的任何镇都是不可能找到的。在这些人中，有一位名叫乔治·谢尔登（George Sheldon）至少留有一英尺半长胡子的老人，他已经写了两卷有关迪尔菲尔德镇历史的书籍，共有350万字，而且很有文学的笔调。

---

[1] 约翰·L·沙利文，美国职业拳击运动员。——编译者注
[2] 弗兰西斯·帕克曼，美国历史学家。——编译者注
[3] 拉尔夫·沃尔多·埃默森，美国散文作家、思想家和演说家。——编译者注

当人们在教堂里做礼拜活动或者离镇外出的时候，这位老人就到人家的阁楼上翻看那些令子孙后代们会感兴趣的殖民地时期的物品。他的妻子珍尼·阿姆斯·谢尔登（Jennie Arms Sheldon）就是给博伊丹校长钱买棒球队衣服的那位妇女。她曾经就读于麻省理工学院，并是那里最早注册入学的女子之一。在某种意义上，迪尔菲尔德镇处于有文化教养的妇女们的管理之下。她们中大多数是未婚女子——惠廷（Whiting）小姐、科尔曼（Coleman）小姐、贝克（Baker）小姐和米勒（Miller）小姐。她们组织篮球比赛，举行文艺表演，建立文学沙龙。她们共同成为了这个社区最强大的政治力量的标志。对她们中的一些人来说，年轻的博伊丹校长很快就被她们视为"一个企图控制迪尔菲尔德镇的自命不凡的家伙"。毕竟，他不是"老资格的迪尔菲尔德镇本地人"。1902年，博伊丹走进了一个他将尽力为之服务而它也会同样影响他的市镇。

第七章

博伊丹太太其人其事

　　博伊丹校长与迪尔菲尔德镇的一个女孩结婚，这在学校工作上给了他很大的帮助。他的妻子海伦·蔡尔德（Helen Child）的父亲是一个牛奶场主，也是一个高速公路的承包商和木桥建筑师。

1896年，海伦13岁时，她的父亲把她送到离家5英里路的格林菲尔德中学（Greenfield High School）读书，因为海伦想在中学毕业后进入史密斯学院（Smith College）。她父亲清楚地感到，对于一个有雄心的人来讲，进迪尔菲尔德中学读书是不大合适的。海伦随1904年届班级毕业于史密斯学院。毕业后，她在康涅狄格州一所学校里教了不长时间的书。接着，

博伊丹校长与他的太太

她就接受了迪尔菲尔德中学新校长弗兰克·博伊丹的聘请，来到那里教自然科学和数学。1907年，他俩就结婚了。

除了他们的孩子——两个男孩和一个女孩——出生时的短暂干扰外，海伦到现在为止在迪尔菲尔德中学已工作了61年。作为一位化学教师，她很快就赢得了声誉。这种声誉一直保持了几十年时间，在美国中学教育界可谓最高记录了。海伦做了一位校长妻子所能做的一切——富于柔情，善于理解，宽容他人，对其丈夫严格要求。其实，她所做的远不止这些。她在教学方面是最有教育机智的人，在学校里也是最忙碌的人。现今，她已82岁了，每天还教5小时的课。比起迪尔菲尔德中学的其他教师来说，她要视导更多的班级。博伊丹校长说："与我相比，她更为重要。她富于幽默感，也很能感染孩子们。她对孩子们的影响比我大得多。

博伊丹校长全家

她促使孩子们自愿地进行学习和工作。她很善于观察事物，判断力很强。像我们这样的两个人结合在一起，那是很有趣的。可能我对她了解还不止这些。她有能力担任任何一所学校的领导工作。"博伊丹太太每周读一二本书，并详尽地了解世界上正在发生的事情——在这方面她比校长做得更好。博伊丹校长完全专注于迪尔菲尔德中学的工作，只是为了处理学校的一些事务才外出；而博伊丹太太的兴趣是无限的。二三年前，当她计划去尼罗河旅行时，她花了整整一年时间预先阅读了一些有关埃及历史的书籍。她也阅读那些人们正在谈论的书籍。因此，她说话时总是能谈出一些新的观点。她丈夫看起来基本上是一个易动感情的人，而她则更富于理智。博伊丹校长说："她是一个十足的女性。假如我这样说的话，她会不高兴。但是，她也具有一种男子的精神。"

在课堂上，博伊丹太太是一位有丰富教学经验的老教师。她把记忆看作是学习的一种方法，而不是为记忆而记忆。她会在讨论某些同位素的时候说："等一下，孩子们，这些同位素的原子结构是什么？……对了。它们不同在哪里？……在原子核上。"她那灰白色的头发高高地盘在头上，脖子上常常戴着一条珍珠短项链，手腕上戴着一个银手镯、一块金表，衣领上佩着一个银制的胸针。她的眼镜架上端是用玳瑁壳制成的，底框则是眼镜片。博伊丹太太不能真正看清教室里的任何人，因为她的眼睛患有高度近视，几乎快要失明了。但是，她根据所安排的同学的座位，就可以知道座位上的孩子是谁。她不可能清楚地看清他们在做什么，但是，她知道什么时候出事了。有一次，在讲课中，她停下来说："乔治·盖勒普（George Gallap），你穿衬衫了吗？"个子矮小的乔治·盖勒坐在教室里的第三排，他的运动夹克衫的衣领被卷起来围着脖子。他不好意思地解释说，他未能及时把衬衫送到洗衣店里去。由于视力不好，因此，博伊丹太太的记忆力反而被锻炼得很出色。一个校友到她的教室里来听课——这是常有的事情，以致教室里几乎任何时候都有这样的听课者——当他进来的时候，博伊丹太太会对他说："你怎么不坐在原来的座位上，倒数第二排，窗子旁边第二个座位。"这个校友从迪尔菲尔德中学毕业可能已有17年时间了，但博伊丹太太仍然记住他原来坐的座位。在黑板上，博伊丹太太写道："我们两个两个地犯的过失，但只能一个一个地改正。"第二天，她又写道："有少数概念很难理解，因而一般人不太容易记住。"写完之后，她继续就推翻燃素理论进行论证。然后，她又插入说："我希望你们没有一个人抽烟。等我老的时候，我会变得非常任性。"

在与孩子们一起进行游戏时，博伊丹太太会对他们进行一些不记分的测验，不断地提出一些简短的问题。当孩子们的思路局限于某一点时，她会启发引导他们去开拓自己的思路。几年前，她曾对一个孩子说："维克多，什么时候你才会停止机械记忆而开始思考问题？"维克多·巴特菲尔德（Victor Butterfield）现在是威斯里安大学（Wesleyan University）的校长，那是关于他自己在受教育时期最有价值的轶事。有时下课铃响了，博伊丹太太还在继续与学生谈话。几分钟过去了，其他班级的学生已走在回家的路上，但她还在谈话。她的班级时常以这种方式结束下课，这是其他班级所没有的。

博伊丹太太每天早晨起床，然后在她的玻璃暖房里工作直到吃早餐。在学校的课余时间，她在自己的办公室里学习。一般情况下，她每天有六节课，下午两点钟结束，接下来就是为那些需要额外辅导的学生而开设的讨论课。每位教师每周主持一节讨论课，只有博伊丹太太每天主持一节讨论课。星期六上午的时间，她也花在那些需要帮助的学生身上，许多下午和晚上亦是如此。在学院委员会举行考试时，她会在学校的走廊上焦急地走来走去。当她的学生一出现，她就在门外询问他们考试考得怎么样。在午餐的时候，她常常会与来访的客人一起用餐。一周里，她也有两个晚上要与来访的客人共进晚餐。每天傍晚，博伊丹太太会在自己的起居室里为大约50个人泡上咖啡。她会去星期日夜晚的合唱会观看演出，部分原因是学生们希望她去。自从第一次世界大战以来，她一直是迪尔菲尔德中学棒球队的正式记分员，所有在校园里举行的橄榄球和棒球比赛以及校外举行的大部分球类比赛，她都会前往观看。在校内举行游泳比赛时，她会提前整整一个小时来到游泳馆，坐在拥挤的人群里，而拒绝享受专门为她安排一个座位的特权，也不想使学生们为了她而被迫移动座位。最近，有一天，她被要求晚上参加在哈特福德举行的合唱队音乐会上的演出，当时她正感到疲乏无力。但她对一位年轻的教师说："在你们这样的年纪，你们不一定需要去；而在我这个年纪，我必须要去。"

博伊丹太太能恰如其分地概括校长的情况。她说："博伊丹校长缺少幽默的天赋。我是一个唯一神教教派的教徒，他是一个公理会教友。我想，他的家里一定是主张让他和一个佛教徒结婚的。"她回忆说，他们的婚礼很盛大，有许多女傧相和400多位客人。婚礼招待会是在学校里举行的。在婚礼招待会上，博伊丹校长突然不见了，后来发现他正在和一群孩子谈话，告诉他们怎样乘有轨电车回家。当他们的女儿出生时——在校内的家里——她从麻醉的状态中慢慢地苏醒过来，一点也不知道女儿在哪里，这时，博伊丹校长冲进房间说："海伦，我们需要对学校的董事们做些什么呢？他们现在正陷入困境。"他们的女儿伊丽莎白（Elizabeth）现在在斯托莱福—普罗斯佩克特·希尔的一所女子学校里教历史，就在迪尔菲尔德镇附近。他们的小儿子特德（Ted）是佐治亚州立学院（Georgia State College）商业与经济教育中心主任。他们的长子约翰（John）是迪尔菲尔德中学的入学指导。

博伊丹太太在第三个孩子出生后，准备回学校继续教课，但校长不同意。几个月之后，一位化学教师离职了，而学校里没有人能顶替。这时，博伊丹校长转而求助于他的太太。博伊丹太太有点搪塞他，使他问了好几次，因为她对于重新得到工作已经不抱有什么希望。校长说："你可以工作一年。但我认为，一个妻子不应该为他的丈夫而工作。我要你明白，如果你在教育一个孩子中碰到任何难题的话，我将会站在那个孩子一边的。"年复一年，甚至当博伊丹太太在她的领域里已成为一位杰出的教师时，她还在担心自己是否会失去工作。

像迪尔菲尔德中学的许多人一样，博伊丹太太也叫她的丈夫为"工头"。当然，比起任何一个人，她更多地看到他在辛勤地工作，谈论政治，为避免学校之间的竞争引起的冲突而努力。她赞同维克多·巴特菲尔德对博伊丹校长的评价："在那里不仅要有理想，而且还必须要有胆略。只有目光短浅的人，才不会理解这一点。"她的丈夫是一个能干的政治家。有的时候，当他打算给学生或教师一点鼓舞时，他会说："现在，董事会认为……"自然，董事会实际上什么也没有认为。当他想对一位青年教师提出建议性批评时，他常常会采用这种既不伤害自己又不伤害对方的方法来谈："一些老教师对这件事有点看法，他们已经告诉我了。"由于采用这样的方法，因此，博伊丹太太说："好几次，真理简直就在对方那边了。"

在生活中，博伊丹校长从来不喝酒或抽烟。但是，博伊丹太太在午餐前会斟上一点白葡萄酒。她说："他让孩子们保持整洁，但在这里，他却把什么都扔在地上，因而我要花一半的时间为他收拾东西。在家里，他有时会发脾气，但出去后，对教师和学生们却和蔼可亲。他的父亲亦是如此。公正和通情达理是对他人而言的，但在家里有时会对家人叫喊！他是一个头脑敏捷的人，但又是固执和墨守成规的。他常常会有一些古怪的想法。但是，是什么促使一个人能有这样的毅力呢？为什么我总是做他吩咐我去做的事情呢？他16岁时对教育还没有兴趣，但现在不是这样了。他认为，从广泛的意义上讲，教育应该是一项公众福利事业，教育决不是一件小事情。'因为任何人都会对词的拉丁文词源感到兴趣'。"

为了表彰博伊丹校长在"学生心灵研究工作方面的成就"，耶鲁大学曾授予他一个荣誉学位。史密斯学院也给博伊丹太太一张荣誉奖状，上面写着："给海伦·C·博伊丹，一个给予自己丈夫一些帮助并与他一起建立了一所著名学校的人。"在博伊丹夫妇的日常生活中，她有点小看他；而他呢，则用行动给予回答。对于他们俩来说，博伊丹太太是主角，校长是跑龙套的。

"你不要妒忌。你身上并没有出众的特点，却有其他很多弱点。"最近，在一次喝完午茶后，博伊丹太太对校长这样说。

"是的，请您不要忘了再加上一些。"校长答道。

博伊丹校长承认，他太太在迪尔菲尔德镇上资格很老。他说："当我来到此地时，她的家族在这里已经250年了。"

"你不会对镇上产生什么影响，你是一个'侵占他人利益者'。"博伊丹太太对校长说。

"是的。但是，我是被挑选来的。"校长回答道。

如果有人问他们，他们认为什么时候是自己在迪尔菲尔德度过的最好时光，他俩会马上作出回答。

"1906年。"博伊丹校长说。

"1966年。"他的太太说。

第八章

汤姆·阿谢利的故事

在教育家中间，博伊丹校长最初以他那令人难以置信的事实和成就而变得闻名起来。在工作中，他使用现代学术界人士有时使用的话语来提高工作效率。他似乎知道，一个表面上看起来并不出众的孩子什么时候可能会有所成就。他能采用一种测验所办不到的方法来估计这种可能性；并且，他能帮助那个孩子实现这种可能性。在20世纪20年代末，迪尔菲尔德中学常常接受一些因为纪律或学业方面的原因而被安多弗、埃克塞特、塔夫脱等中学所拒绝的学生，这些学生在迪尔菲尔德中学待了一二年后，大部分人在学院里都比他们在原来中学里的同学表现出色。这不仅使博伊丹校长感到很高兴，而且也使其他校长感到愉快和轻松。这些校长们意外发现，只要真诚相待，他们就能点燃每一个孩子心中的火焰。因为弗兰克·博伊丹校长实现了人们将愚笨的人转变为一个有影响的学者和一个有用公民的愿望。

博伊丹校长之所以能运用这样的专门技巧，部分是因为他早年与山谷里的农夫孩子们一起相处的缘故。在大多数情况下，对这些孩子们所进行的教育效果，由于没有坚持下去而未能得到巩固。在这些人中，尤其是在迪尔菲尔德中学1911年届班级的一个学生身上，博伊丹校长发现了如何使管理迪尔菲尔德中学的教育思想具体化。作为一个实干而缺少理论的人，他从未以任何明确的方法试图表述他想要达到的教育目的。然而，他讲了汤姆·阿谢利（Tom Ashley）的故事。阿谢利是一个13岁的男孩，人们都认为他是一个缄默寡言和有点呆头呆脑的孩子。在智力方面，他缺乏好奇心。他出生在农场，喜欢户外活动。他有一本笔记本，上面记着一些他认为很重要的事情。在其中一页的开端，记录着他1907年活动的简略片段："来福枪，比赛射击"；"兰色鹈鸟1只，红松鼠3只，麝鼠6只，臭鼬15只，猫3只，斑鸠1只，蛇1条，田鼠3只，野猪3头，鸽子8只。"在那年的3月23日，阿谢利记下了"第一次想去游泳，因而不得不爬过雪堆，以便下水"。在这后面的一页日记上，他这样记着："1907年7月15日开始割干草了。1.辽阔的牧场。2.赖特（Wright）家的庭院。3.半岛。4.海峡。5.松树山。6.狐狸洞。7.黑蛇皮。8.大山谷。9.小平原。8月5日割草结束。"

在以后的日子里，阿谢利这个孩子固执地拒绝进学校读书，以致他父亲似乎把他作为"呆子"来处理，打消了让他入学的念头。博伊丹校长对这个孩子的劝说，也没有产生什么明显的影响。然而，有一次，学校偶然有一大堆教材需要搬运。校长想，汤姆·阿谢利会不会愿意在准备打野猪前来帮忙呢？在这两件事中间，他究竟愿意做哪一件事？当校长去请阿谢利时，他什么也没有说就来帮忙搬运教材了。这时，迪尔菲尔德中学正好缺少橄榄球队队员，校长告诉他，虽然事实上他不是学校里的学生，但如果他愿意的话，他可以在那天下午与其他孩子一起进行橄榄球训练。同时，校长告诉他，如果他愿意在家里接待一些偶尔散步而来的访问者的话，那么，校长会感到很高兴。

后来，在阿谢利身上发生了一些奇迹般的事情。因为他去参加了那天下午的橄榄球训练。他系着一根冰鞋皮带，以便在必要时可以用它来固定腿的骨折部位，而无须中途退场。在很短的时间内，阿谢利就进入了迪尔菲尔德中学。他是一个身材匀称的小伙子，通过原来担任橄榄球队后卫的博伊丹校长，并成为校长担任教练的棒球队队员，从而证明他自己是一名优秀的运动员。4年来，他在教室里很少说什么，对女孩子亦是如此。但是，在博伊丹校长的请求下，他在1911年届班级毕业典礼仪式上发了言。假如说他的发言只是在漫谈的话，那么，他的谈话是令人感动的。

阿谢利升入了阿默斯特学院，并开始与博伊丹校长建立了通信联系，从未间断。阿谢利的来信中充满了希望，也流露出担忧。在来信中，他写到了他的学习情况，还写到了在迪尔菲尔德中学期间橄榄球队训练对他产生的影响，并恳求校长继续给他指教和帮助。他的来信有时还对博伊丹校长表示这样的歉意："我很不愿意用这样的一些小事情来打扰您，但是，在把这些事情告诉我父亲之前，我很想知道您是怎么看待它们的。"阿谢利曾是阿默斯特学院棒球队的队长、橄榄球队和棒球队的一个明星。他主攻历史学科，并决定以后成为一位教师。

就要点而言，汤姆·阿谢利的故事在迪尔菲尔德中学已反复讲述了上千次，并成为学校教育工作中的一个典范。但是，在人们的记忆中，阿谢利更多的是一个理想的人，而不是一个现实的人。然而，在50年前，他也许是博伊丹校长曾有过的最亲密的朋友。1916年，阿谢利也加入了迪尔菲尔德中学的教师队伍，他非常关心学校。与博伊丹校长相比，他更富于雄心壮志。他希望学校会像一所规模大的公立中学一样，从许多州招收学生。他曾起草了扩建学校的蓝图，并草拟了未来的礼堂和宿舍的规划图。他还极力鼓动博伊丹校长，把恢复已处于瘫痪状态近20年的寄宿部作为实现学校宏伟规划的起点。那个时候，在迪尔菲尔德中学里只有几个寄宿学生——这是因为他们的父亲听说过校长早期的教育工作成就，而把他们安排在镇上的一些家庭里寄宿生活。阿谢利建议，立即扩大招收来自迪尔菲尔德地区外的寄宿学生，最好是35人左右。但是，博伊丹校长带着有点冷峻的神色说："我们这里决不会有35个寄宿学生。"——不是他不想招收他们，而是因为他不能设想会有那么多寄宿学生到那里来。

后来，在第一次世界大战中，汤姆·阿谢利战死在法国的蒂雷堡附近的一块麦田里。当时，他正试图拿一挺从德国士兵那里缴获来的机枪，对付另一挺正在开火的德军机枪，但德军的机枪射中了他。汤姆·阿谢利是美国海军陆战队司令约翰·利詹尼（John Lejeune）将军部下的第一批志愿兵。在他牺牲后，利詹尼将军给博伊丹校长送来了一张私人支票，并要求在迪尔菲尔德中学修建一块墓碑来纪念阿谢利中尉。但是，博伊丹校长用这笔钱为来自其他市镇和州的学生们建造了一幢宿舍，这也许是对汤姆·阿谢利本人的最好纪念。

第九章
校长——一个有谋略的人

　　第一次世界大战后不久，后来成为新罕布什尔州长和美国驻英大使的约翰·温纳特（John Winnant）访问了迪尔菲尔德中学。温纳特先生花了一天时间与博伊丹校长交谈，到下午时分，他承认自己是受纽约的布雷尔莱中学（Brearly High School）的委托而来的，那所学校的董事会想请他问问博伊丹是否愿意到布雷尔莱中学去担任校长。但是，他又对博伊丹校长说："不管怎样，我并不打算建议你去，你在这里所做的一切显然太重要了。这里就是你应该待的地方。"后来，温纳特先生把他的儿子送到了迪尔菲尔德中学读书，但是，他并没有告诉过博伊丹校长，布雷尔莱中学会给博伊丹多少薪酬。由于校长很有教养，也不便多问。博伊丹校长确实曾经对所提供的其他一些职位动过心，其中有些职位能给双倍于现在的薪酬。当然，博伊丹的允诺总是被一再推迟到下一年的6月，这已成为一条规律。在回忆起过去一段暗淡时期时，博伊丹校长说："当我在这里待了7年时间还没有看到多少成功的希望时，于是，我开始越来越多地考虑调换一个职位的事情。我是多么的沮丧。"有一次，他曾经打算接受一个与现在职务不同的工作，离开迪尔菲尔德中学。但是，当他打开《圣经》时，他说自己的目光一眼就落在第一节上，这是第42页第10行，有关耶利米（Jeremial）[1] 的故事。上帝对耶利米讲："如果你一直留在这块土地上，那么，我将使你成功，不会使你失败，我将栽培你，不会使你倒下。因为我要对我施之予你的罪恶作忏悔。"于是，博伊丹决定留下了。现在，他常常讲起那个故事。他的太太说，她确信这是真的；但又指出，也许由于在找到使他得到安慰的那一节之前，他并没有把打开《圣经》的次数计算在内，因此，他说第一眼就看到了它。另有一次机会，当他打算辞去迪尔菲尔德中学校长职位时，一位来自南迪尔菲尔德的牧师在听说这件事后对他说："你不能这样做，你是迪尔菲尔德镇唯一一个可以进入山谷里每一户家庭的人。现在，回去工作吧。"

到1923年时，迪尔菲尔德中学已有140个学生，其中80人是寄宿学生。康奈尔大学校长的儿子曾在那里读书，现任马萨诸塞州立大学校长的儿子也曾在那里读书。阿默斯特学院、史密斯学院、瓦士沙学院院长的儿子也都在那里读书。其他地区，例如，加利福尼亚大学、蒙特·霍利卡大学、威廉斯姆学院、哈佛大学、纽约市立学院以及乔治·华盛顿大学的教授和系主任的儿子也在那里学习。这种对于他的工作成绩的认可方式，给予博伊丹校长

---

[1] 耶利米，基督教《圣经》中的人物，公元前6—7世纪希伯来预言者。——编译者注

很大的安慰和激励。校长并不满足于这种情况而妄自尊大，反而更加注重学校的发展。但是，马萨诸塞州的一项新的法案显现出要关闭这所学校的迹象。该法案宣称，公共资金不能用于资助私立学校。而迪尔菲尔德中学这所半公立半私立的学校，每年从迪尔菲尔德镇接受2万美元的资助。如果没有这个资助，学校就会垮下去。另一方面，如果迪尔菲尔德中学准备关闭它的寄宿部，继续只是作为一所公立学校，那么，不仅校长有很多工作无法开展，而且离该镇6英里远的南迪尔菲尔德的人口骤增，将会迫使迪尔菲尔德中学从原先的地方搬往那里，但原先的地方直到现在仍然是一个完整的市镇。此外，更有甚者，与此有关的是，发生了一件法律诉讼案，有关情况充斥了马萨诸塞州报纸的各个版面。该诉讼案的要点在一位女士于1878年捐给迪尔菲尔德镇的一笔遗产问题上。这位女士在遗嘱上写着，这笔遗产的收入用于资助迪尔菲尔德中学。现在的问题是：如果要成为一所法律上认可的私立学校，那么，这笔遗产是否能使迪尔菲尔德中学给镇上带来好处？这样的一个问题是由镇上一个想迫使校长关闭学校的小宗派团体提出的，这使得情况更加严重了。在这个小宗派团体里，有一个成员过去曾是迪尔菲尔德中学图书馆的管理员，后来被博伊丹校长解聘了；另一个成员是位艺术家，他家房子的光线曾被博伊丹校长陆陆续续建造起来的建筑群中一幢宿舍所挡住；其他成员则对迪尔菲尔德中学在他们镇上的发展和博伊丹校长的成就感到不满，甚至嫉妒校长不是本镇居民但却成为本镇最有影响的人。

这种情况看来是无指望的，以致当博伊丹校长成功地了结这个为时很长的诉讼案时，他也仍然不得不拿出至少15万美元才能解决问题。在1924年，对于一所市镇中学的校长来说，要设法筹集到这样一笔数目的钱似乎是不可能的。如果不是出现了美国教育史上最不平常的情况的话，也许迪尔菲尔德中学已经不复存在了。为了挽救迪尔菲尔德中学，埃克塞特中学的校长刘易斯·帕瑞（Lewis Perry）、安多弗中学的校长阿尔弗雷德·斯蒂恩斯（Alfred Stearns）、塔夫脱中学的校长贺拉斯·塔夫脱（Horace Taft）去纽约城和其他地方，从他们学校的校友那里为迪尔菲尔德中学筹款。在一天内，帕瑞校长就带回来3.3万美元。在以后5年里，帕瑞、斯蒂恩斯和塔夫脱等校长又资助了1.5万美元。博伊丹校长在阿默斯特学院读书时的同学，也竭尽全力对迪尔菲尔德中学提供了资助。康奈尔大学和阿默斯特学院的校长以及哈佛大学的彭尼·帕克（Penney Parker）院长也是这样做的。一位资助者这样回忆说："使我们感到迷惑不解的是，博伊丹竟然能在校舍不够和薪酬不足的情况下使学校保持正常运作。他是怎样依靠教师们的？这是一件令人惊讶的事情。"

1924年，博伊丹校长45岁，那时他也许没有意识到自己对迪尔菲尔德中学所承担的责任是多么重大。现在，他回忆说："那时，我大概还没有像以后那样担心过。"在1924年之前，根据迪尔菲尔德镇一些老居民的观察，博伊丹校长在他自己的教育事业上一直是采取大刀阔斧的方式，但当他认识到一些不愉快的小事只要累积起来就几乎要毁掉他的学校后，那正如他自己所说的，他就变成了一个有谋略的人了。

第十章
教师队伍管理的艺术

当博伊丹校长没有钱给教职人员发薪酬的时候，他就凭借着管理教师队伍的杰出才能，使他们忠诚于学校事业，并依靠他们来办好迪尔菲尔德中学。他每年都允诺给教师们增加薪酬，但几乎从未能实现过。每当6月又临近时，博伊丹校长会表现出一种勇敢的孤独者所具有的谦卑神态，告诉教师们为了他们自己的利益应该继续努力工作，并向教师们保证他理解他们，而不会怨恨他们。然而，他又说，无论如何，假如教师们决定留下来与他一起共事，他决不会忘记他们。博伊丹校长认为，只要教师们团结一致，就能做许多事情。曾经有一段时期，有的教师就住在他的家里。如果博伊丹校长要与他太太谈私事的话，他们就到地窖里或在火炉后面进行他俩的谈话。教师明妮·霍克斯小姐可以在他们头顶上面的卧室里，坐在一把摇椅上，听着博伊丹夫妇的谈话。博伊丹校长培养并保持了一支团结而坚强的教师队伍，其中有几个人对行政管理事务具有较大的热情。这些在行政管理方面具有雄心的人，后来就成为了其他学校的校长。在迪尔菲尔德中学，五星将军和没有任何委任状的办事员之间是一律平等的。

在迪尔菲尔德中学，教师与学生之间的关系是相当融洽的，其部分原因是他们与校长之间也有着融洽的关系。博伊丹校长常常说："我所管理的学校不是为教师的，而是为孩子的。"从早到晚，教师们的职责就是最大限度地接触孩子们——在早餐、午餐和晚餐的时候，在教室里，在有组织的自修时间内，在俱乐部的活动中，以及在体育活动中。此外，教师们还被要求担任各种职责。在那里，只有少数人是纯粹的教师，大多数人还应该担任运动队的教练和管理宿舍的走廊。另外的20多种次要的职责就不再提及了。在某种程度上讲，所有的预备学校的教师都是如此。但是，在埃克塞特中学和安多弗中学，教师的职责范围要小得多。总之，无论如何，任何地方学校教师的职责都没有迪尔菲尔德中学教师的职责那样多。博伊丹校长认为，教师应该是一群在任何时间里学生都可以随时见到的人。尽管如此，但教师们从未为此而发牢骚，因为在那些可以看得见的事情上以及在整个上课时间里，校长和他的太太所做的工作比任何一个人都要繁重得多。一位在学校里工作了25年的教师说："你与校长合作得越多，他对你的影响也就越大。他要求教师作出'承诺'。如果你向他作出一些保证，他就会对你有更进一步的要求。如果你没有什么上进心，他就会带着你走，但若是那样的话，你就失去了自我。"教师们的忠诚给了博伊丹校长很大的支持；反过来，校长也向他们表示忠诚，虽然这种表示有时似乎有点莽撞。校长也依靠那样的一些教师——他们的失职曾给学校造成一定的困窘和损害，但他们早先所作过的贡献曾帮助过校长建设了这所学校。一位犯过过失（如果有过失的话，也只是小过失）的英语教师说："博伊丹校长不能原谅小错误，但却能宽容大的过失。"好几年前，有人曾向这位教师提供了坎特伯雷学院英语系系主任的职位，其酬薪是他在迪尔菲尔德中学的两倍。校长得知此事后，并没有对来自坎特伯雷学院的竞争感到烦恼，而仅仅回答说："这位教师对钱不感兴趣。"就这样，这位教师仍然留在了迪尔菲尔德中学。第二年，他想提高一级工资，校长没有给以考虑。自从他在迪尔菲尔德中学任教至今，一般是每两年提高一级工资。

博伊丹校长任命唐纳德·C·萨利文（Donald C. Sulliwon）主管学校的纪律。自20世纪20年代末以来，萨利文就一直在迪尔菲尔德中学工作。在某种程度上，也许因为他是一个坚强的人，也许是因为他具有一定的幽默感和良好的判断力，所以，他赢得了迪尔菲尔德中学男孩们的尊敬。几年以前，以"红头发"出名的萨利文因为某些现在已经被忘记的事情对校长大动肝火。看着萨利文生气的脸，博伊丹校长首先开口说："'红头发'，让我们到马棚去，快！我要避开汉·史密斯（Hen Smith）。"汉·史密斯是镇上的一个有影响的女士。在马棚的暗处，校长抱怨汉·史密斯把他的很多时间花在镇上这些妇女身上。他悄悄地说："'红头发'，没有你，我就无法管理这所学校。现在，我在这里工作，所以你……"他给了萨利文一个差事，萨利文并没有意识到发生了什么事情，直到后来才明白，但已经太迟了而只能接受这个任命并尽力而为。

　　迪尔菲尔德中学的孩子们很看重博伊丹校长在他们和教师之间所建立起来的亲密关系，并意识到这种关系所具有的无比重要的作用。1966年届班级的一个学生最近说："坦率地讲，我不明白为什么任何教师都愿意留在迪尔菲尔德中学工作。"这里，也许有两个原因。当然，首先是对博伊丹校长本人和他所取得的成就的正确评价。他的一位教师说："博伊丹校长总是为取得最好的成绩而坚持不懈地努力，因此，人们都愿意跟随他，并与他一起工作。"其次，博伊丹校长对教师在课堂上的讲课风格或教学方法不提过分的要求。汤姆·阿谢利在1916年曾这样说："在这里，每位教师上课时都有自由发挥的权利，他可以尝试任何一种他愿意采用的教学方法，并且可以为取得教学成效而按照自己的方式工作。"另一位现在还在学校任教的教师说："关于迪尔菲尔德中学，最突出的事情是，那里没有任何计划指南一类的东西，也没有什么监督人，教师们在教学中享有自主权。"

　　博伊丹校长知道，他自己的才能是在课程教学之外的。在注意吸收新的教育思想的基础上，他进行了独立思考。他的太太是这样做的，学校里的一流教师核心也是这样做的。但是，这并不是说，博伊丹校长就忽视迪尔菲尔德中学的学术发展。60多年来，学校没有成绩报告单，他一直坚持自己公布所有学生的学业成绩，直到他的听力下降而不能再这样做为止。在一年内，校长要与每个孩子进行六次个别谈话，并告诉每个孩子他现在处于怎样的一种状况。在这类谈话中，校长启发孩子谈出他自己的想法，听取他对所上的课程的情况反映，并借此了解他的教师的实力在哪里。

博伊丹校长这样说："在中学阶段，在教学中应该考虑学生个性培养的问题。失去了个性，孩子们就会发现自己在心灵上缺乏一种丰富多彩的和生动活泼的精神。"他在观察这样的孩子时总是具有洞察力，并且具有发展孩子个性的胆略和力量。培养一批心智发展和有才华的人，是一个长期的过程。在这方面，博伊丹校长也颇有建树。在迪尔菲尔德中学，拥有一支具有教学技巧但并不一定都是知识渊博的人组成的教师队伍。对于这一点，1952年届班级的一个同学、现任大学出版社编辑的诺尼斯利思（Nonetheless）博士作出了正确的评价："教育孩子的关键是教他学会热爱知识，而不是仅仅接受现成的知识。迪尔菲尔德中学教会了我这一点。我认为，迪尔菲尔德中学在这一方面确实比其他的学校做得更好。"

近年来，博伊丹校长对当代学生必须注重学术性学习的巨大压力所作出的反应似乎有点保守，但也许不是。现在的一般情况是，无情的竞争常常给在中学里认真学习的孩子们笼罩上一层阴影。为了适应这种竞争，许多学校的教学计划日程作了一些调整，减少了非学术性的活动，以便把更多的时间用于学术性学习。此外，为了应付学院和大学的入学录取竞争，各所中学普遍地加快了教学进度。但是，博伊丹校长认为，如果这种做法没有什么可以估量的价值，并且也不会由此而为学生进入学院和大学做好准备的话，那么，这种不适当的教学强度只会损害学生一生中最美好的四年时光，并失去许多可能得到的更为有用的生活经验。他抱怨说："学院和大学把学习任务硬塞给了预备学校。但是，我们不安排学院和大学的入学考试，我们不给学生分等级。我不知道，要做些什么才能减轻学生的学习负担。坦率地讲，我现在还处于摸索阶段。"与此同时，他拒绝取消迪尔菲尔德中学的任何课外活动，从小型电子乐队到C级少年足球队，或者放弃所谓"浪费时间"的一些传统做法，例如，星期日晚上的合唱会和每天傍晚的见面会。他始终认为，如果一个孩子至多应该掌握四门课程的话，那也没有必要给这个孩子增加第五门课程。因此，另一所中学的校长说："迪尔菲尔德中学在学术上不是一只'高压锅'，而现在大多数中学却是这样的'高压锅'。"

在学院和大学录取新生的竞争中，所有的自治学校都失去了它们以往所具有的优势。例如，劳伦斯维尔中学过去每年要给普林斯顿大学输送70个新生，但现今在普林斯顿大学1969年届新生中仅有12人毕业于劳伦斯维尔中学。同样，尽管迪尔菲尔德中学的学生也不再对学院和大学的录取感到自信，但博伊丹校长并没有把他的全部精力放在应付这个在人们看来是很紧迫的问题上。他所采取的一系列做法，也没有使他的学生们失去自己相应的地位。从被录取的新生人数上看，向普林斯顿大学、哈佛大学、耶鲁大学、达特默思学院、斯坦福大学输送新生名列前茅的中学有六所，迪尔菲尔德中学就是其中之一。一直到20世纪60年代初，博伊丹校长每年都会到普林斯顿大学招生办公室作一年一度的例行拜访。在那里，他了解到普林斯顿大学打算接受什么样的迪尔菲尔德中学毕业生。如果校长热情赞同普林斯顿大学某些学院已决定拒绝招收的学生的话，那么，这些学院就有可能改变它们原先的决定，而招收他所推荐的学生。博伊丹校长是农村地区中学唯一能使普林斯顿大学那样做的人。

　　迪尔菲尔德中学也许是唯一从来不印制科目一览表的预备学校。博伊丹校长说："我没有开设任何一所学院和大学所要求的全部课程。由于印制一份科目一览表的费用是很昂贵的，因此，我宁愿把这笔钱作为奖学金花在一两个孩子身上。在任何情况下，我都不会去印制一份科目一览表。那些为我准备好的条条框框，我是绝对不会这样做的。他们是空想家——说一些兜售商品的话。我认为，我们不需要推销员和说客。但我相信，我的后继者将会印制一份科目一览表。"

第十一章

迪尔菲尔德中学招生轶事

多年来，博伊丹校长事实上是通过会见所有入学申请的学生，并与他们进行个别谈话，然后根据他自己所得到的印象来决定是否录取。因此，按照这种传统的做法，想进入迪尔菲尔德中学在很大程度上就成为了一件"主观的"事情。假如博伊丹校长喜欢一个孩子，他就会录取这个孩子入学，然后问孩子的家长是否能够支付学费，像这样的情况是常见的。学校里的财务人员和会计从来没有为新学年可望收到的学费提出一个具体数字。现今，迪尔菲尔德中学已经招收了100多个其父母被告知"应该尽力而为"的孩子入学。1923年，博伊丹校长的一个学生利用暑假到佐治亚州去打短工，在那里结识了两个朋友，并认为迪尔菲尔德中学能够对他们提供帮助。于是，他给博伊丹校长写了信。校长虽然没有见过这两个人，但却对他们产生了兴趣，答应他们入学，不仅给他们汇去坐火车的路费，而且没有提及学费的事。当俩人抵达迪尔菲尔德镇时，校长还给他们购买了旧外套。

在某些时候，博伊丹校长的招生方针似乎是有点令人不可思议的。多年来，他拒绝招收英国籍的孩子。特别当他不想去波士顿招生时，他就这么做了一段时间。1948年以前，本地的女孩是可以进入迪尔菲尔德中学读书的；但从那年以后，他就不再招收女学生了。博伊丹校长并不歧视任何人，既包括富裕家庭的人，他渴望得到这些人在经费上的资助；也包括其他任何家庭的人。他曾很快就对一个是运动员的入学申请者作出了答复。同时，他还对那些在升入学院和大学之前需要实施全面发展训练或额外辅导课程的孩子们感兴趣。当然，与其他中学相比，博伊丹校长很少对他们有特殊照顾，但是，在组织高度严密的迪尔菲尔德中学里，这些被允许入学的孩子很快就成为学校整体的一个部分。在某些情况下，他们在一年里所获得的那些永恒性的成果，相当于他们过去三四年里所获得的成果。自从有些一年级学生在获取底线分、场位分、赛跑分、击球分上表现得要比其他同学困难后，校长就一直受到自责，而被认为对孩子们的爱好认识不正确。这是确实的。尤其是在1959年，一个来自阿尔伯塔地区普罗文斯的男孩放弃进入国家曲棍球队的机会，而选择了迪尔菲尔德中学。这个孩子在学校里成为了校曲棍球队的队员，但在比赛中却显然使球队按球赛日程表进行的所有比赛都陷入了混乱。在某种意义上，这一情况是有代表性的。这个孩子要进入迪尔菲尔德中学的真正目的，是准备放弃他在曲棍球方面的潜在能力，而通过迪尔菲尔德中学的帮助以便进入哈佛大学。他最终以较高的荣誉从那里毕业，并进入了哈佛大学。

当一种令人感动并有希望成为现实的情况出现在博伊丹校长面前时，他就会凭直觉行事。1955年，他接到一个名叫伍明（Wyoming）的男孩从萨达利斯顿中学打来的电话。那个孩子说，他想到迪尔菲尔德中学来读书，因为他想进入普林斯顿大学但又不想从萨达利斯顿中学毕业后进入该大学。他解释说，他父亲得知这件事后拒绝承担他这个计划所需要的任何费用，因此，他根本支付不起在迪尔菲尔德中学读书的学费；但是，他听说博伊丹校长有时会免收学费，不知校长会不会愿意让他在秋季入学。学校在两周后就要开学了，而且每个班级的学生人数早已满额，但博伊丹校长接完电话后还是说："噢，那就来吧！"那个孩子最终进入了普林斯顿大学，并被挑选为全国大学优秀生荣誉组织（Phi Beta Kappa）的成员，成为一位研究非洲问题的学者。

不用说，博伊丹校长的冲动不仅导致了喜剧般的成功，也带来了某些惊人的错误。与学生一样，家长们有时也用他们自己的大胆姿态来扭转败局。马特·雷依（Mutt Ray）的父亲是美国达特默思橄榄球队的。当迪尔菲尔德中学拒绝招收他的儿子时，他很生气，带着儿子驾着汽车来到迪尔菲尔德镇上，打开车门，把儿子推出汽车外，然后开车就走了。博伊丹校长让这个孩子留了下来。现在，马特·雷依是迪尔菲尔德中学的一位董事。还有一位不愿意他的孩子被拒绝的父亲，驾着汽车带着他的孪生儿子来到迪尔菲尔德中学，竟然把孩子留在博伊丹校长的家里。校长接受了这两个孩子，其中一个人现在是他学校的学习指导助理。

博伊丹校长的儿子约翰·C·博伊丹（John C. Boyden）现在

已主管了迪尔菲尔德中学的招生工作。与过去相比，这项工作做得比过去更有条理性了。在学校新生的来源方面，约翰·C·博伊丹画了一条有趣的抛物线。自然，迪尔菲尔德中学起初作为一所公立学校，完全面向农村地区招生。到了20世纪30年代至40年代末的时候，多达75%的学生来自私立的预备学校。据约翰·C·博伊丹说，现在迪尔菲尔德中学75%的学生来自设备条件较好的公立学校。

　　在第二次世界大战之前，博伊丹校长经常与他的毕业生一起到学院和大学去，尤其是到离迪尔菲尔德镇10英里和40英里的阿默斯特学院和威廉姆斯学院去——在某些情况下，他会借钱为这些毕业生支付进入学院和大学的学费。他还派一些教师到接受他的毕业生的那些学院和大学去，调查了解每一个毕业生的成长情况，并定期写出报告。如果他们在学习上发生了什么困难，博伊丹校长会派迪尔菲尔德中学的一位教师去指导需要帮助的学生，直到他度过难关为止。如果他们是在道德或心理上出现问题时，他就会亲自去那里，哪怕为此必须走1000多英里路，他也在所不惜。

　　现今，博伊丹校长常常会站在许多头发已经灰白的人们面前，用这样的口吻与他们谈话："孩子们……"校长之所以这样说，是因为这些现在已经做了祖父甚至是曾祖父的人，过去曾经在迪尔菲尔德中学每天傍晚的集中会见时坐在校长脚前的地板上。迪尔菲尔德中学培养了自己的优秀毕业生。但是，如果不是人们特别记得，当校长刚刚来到镇上时，学校只有14个孩子，以及注意到后来学校培养了像罗得岛州现任州长，或梅奥诊所的医生，或威廉姆斯学院、威斯里昂大学和蒙特·霍利约克大学的校长这样一批后继者的话，那么就会像一所预备学校所做的那样，这是很普通的事情。另外，更令人感兴趣的是，迪尔菲尔德中学毕业生的职业选择。自然，现在从事金融业的人多于从事农业的人，从事律师职业的人又多于从事金融业的人，从事医生职业的人更多于从事律师职业的人，——然而，从一个广泛的角度来讲，从事教育工作的人在迪尔菲尔德中学毕业生中是多于其他任何职业的。

第十二章

关注学校细节的洞察力

关于博伊丹校长，很难用一句话来概括他。虽然巴特菲尔德中学校长在评价他时，曾试图这样说："他不仅有一种理想，而且有一种谋略。也许只有极少数人对此不能理解。"有的时候，博伊丹校长的谋略似乎有点琐碎，但也似乎更富于生气。他在细节问题上富于谋略和洞察力，就是最好的证明。俗话说，一千个细节合成一个完整的印象。在迪尔菲尔德中学，博伊丹校长就是根据一些小事情来判断一个人的。他擅长于形象思维。假如他所见到的情景看起来很好，那么他一定会设法保持它，任何损坏它或改变它的事情都会激怒他。为了领取一张运动员证书、一张优秀学生奖状或其他奖品，学生们必须走到学校礼堂的台阶过道旁。这时，博伊丹校长会在台阶旁安排一位教师负责检查孩子们的外套是否扣上了纽扣。有一次，学校打印了一份很长且费用比较贵的音乐会节目单，但节目单上有一个人的姓名被拼写错了，"米勒"（Miller）被拼成了"米拉"（Millar）。校长决定把节目单拿去重印。学校举行篮球比赛,校长就像自己是拉斯卡拉歌剧院 (La Scala) [1] 的经理一样。每个学生都必须出席,所有人都要在运动场门口办理登记手续,以确认场内的人是否到齐。在比赛开始之前,校长会四处走动,一面给孩子们鼓劲,一面注视着发生喧闹的地方;当农夫、杂货店老板、牙科医生和电话接线员来到门口时,校长又忙于前去迎接他们的光临。此后,他才在运动员的座位上坐下来。

博伊丹校长在学生行军途中进行鼓动

迪尔菲尔德中学的那支乐队在演奏方面和场面上能与国家行政学院乐队相比,当这支乐队奏起像《星条旗永远飘扬》、《在双鹰旗下》的乐曲时,演奏的乐曲声响彻了整个房间,直到迪尔菲尔德中学队的孩子们为乐曲声所激动而蹦起大约一英尺半高为止。

---

[1] 拉斯卡拉歌剧院,意大利首屈一指的歌剧院,也是世界上最主要的歌剧院之一,设于米兰。——编译者注

迪尔菲尔德中学篮球队在学校内的比赛表现得很出色。事实上，有些队员并不怎么出色——即到处都可以找得到的队员——已花了一整个季节的时间参加了所有的比赛。博伊丹校长喜欢西点军校（West Point）和安纳波利斯海军学院（Annapolis）的学员在橄榄球比赛中训练他们自己的方法。迪尔菲尔德中学橄榄球队的孩子们要列队穿过学校校园，步行到准备举行橄榄球比赛的场地，因为博伊丹校长相信这种方式可以表现出忠诚和组织性。现代的学生会对这一类事情抱有一种玩世不恭的态度，但是，这样的人在迪尔菲尔德中学的学生中是很少见的。一个1965年6月毕业的学生说："当然，迪尔菲尔德中学的品行是一幅精心描绘出的图画。校长一直小心谨慎地保护着这幅图画，因为这幅图画是他取得成功的重要方面。事实上，无论运动员承受多大的压力都没有关系。因为当运动员列队进入橄榄球比赛场地并大声呼喊：'我们是迪尔菲尔德中学队，使出你们的劲头吧，我们是决不会被打败的'，此时，我们所有人都感到非常自豪。"

在20世纪20年代末，埃克塞特中学校长刘易斯·帕瑞对迪尔菲尔德中学进行了一次访问。博伊丹校长为了使帕瑞在参观时能留下深刻的印象，就给每个孩子布置了任务。一个孩子坐在书桌前用心读书，另一个孩子在教师的起居室里浏览一份报纸，第三个孩子在清理自己的东西。有些孩子有两项任务，他们根据安排拿着矛一会儿走出去，过一会儿又转回来，就像信使和听差一样。早些时候，在到校外进行体育比赛的旅途中，为了尽可能给人们留下最好的印象，校长总是让一些长得很精神的孩子最先下车。

他还常常根据孩子们的身高来安排队列，高的排在前面。博伊丹校长之所以这样做，是他认为这显示了这样一个情景：这里有一支朝气蓬勃的和爱好体育运动的学生队伍，人们从他们的脸上一看就知道，他们是迪尔菲尔德中学的学生。在教堂里，在星期日晚上的合唱会上，校长也是这样安排学生的队列，并排在队列的前排。多年来，他还把学生组成了一个有点像运动队一样的舞蹈协会。像体育运动队一样，舞蹈协会所拍的照片也保存在迪尔菲尔德中学的年鉴里。在安排年鉴的其他照片时，校长认为，人们在观看照相簿时，眼睛总是首先看到左手底排角落里的第一个。所以，他挑选出身体健壮的孩子，把他安排在那个位置。一个校友说："有些时候，我们感到自己像一张做过记号的明信片，上面写着'你必须回来，看看我们的学校'。"对于一个对学生的需要和想法具有深刻洞察力的人来说，当博伊丹校长做这些事的时候，他所表现出的天真似乎是令人难以置信的。据他说，当他驾驶汽车到热心者那里夸奖他的那所正在发展的学校时，他完全没有意识到有几个孩子可能受到了伤害。但事实上，如果说有什么伤害的话，那就是几乎所有人都是从内心感到高兴。此外，许多这样引人注意的做法，一直是在学生没有察觉到是怎么一回事的情况下进行的。

博伊丹校长每星期都会这样说："孩子们，这个周末我们学校将会有一批来访者。假如你们看见客人迷路了，我希望你们帮助他们。"他在各个地方都安排了教师和学生来欢迎客人。陌生人在路过迪尔菲尔德镇时，几乎所有人都会在镇上停留和参观的。他们还常常被邀请去吃午餐或晚餐。瓦尔特·谢亨（Walter Sheeham）过去是迪尔菲尔德中学的学生，以后又做过该校的教师，现在是坎特伯雷中学的校长。他说："博伊丹的想法是，一旦你决定做什么事情的话，那你就应该把它做好——尽最大的可能把它做好，即使这件事情要花几千美元，而且也应该始终表现出冷静的态度。"

在1960年之前，迪尔菲尔德中学的电话交换机一直设在博伊丹校长家里起居室的后面。他自己常常坐在那里工作。"喂，这里是迪尔菲尔德中学……请稍等一下。"他一面回答，一面熟练地拔出和插入接线插头。将近几十年时间，所有在晚上10点半到早晨7点之间打到迪尔菲尔德中学来的电话，都是直接挂到他的卧室里。在这个有600多人的小镇上，只有他一个人在深夜里接电话。四年前，博伊丹校长已82岁了。他终于对此感到厌倦，这时才雇佣了一个接线员。现在，迪尔菲尔德中学有一台专门在支票或账单上签字的机器，但在1960年以前一直是校长自己做这件事，他一年要在大约6000多份支票或账单上签字。在他自己的婚礼上，博伊丹校长抱怨说校舍里没有地毯，而且从那以后一直对此"唠唠叨叨"。他说："如果你把地板和墙壁保护得很好，那么，就

博伊丹校长在打电话

像你把鞋擦得很亮并穿上一件干净的衬衫一样。"人们常常看到他在擦洗地板。他不仅把学校体育馆的地板保护得好像擦亮的黄铜一样，而且还每天擦洗教室的地板。在那里，窗户的玻璃上没有一点灰尘。有一次，校长对一位教师说："鲍勃（Bob），今天训练结束后，我曾到过你那锁住的房间里，那里的地板上有一点线头。"

在经费开支方面，博伊丹校长是很有节制的，但是，他却舍得花钱购买他所需要的东西。迪尔菲尔德中学的校园里，到处都摆着花瓶，里面常常插满了鲜花；在学校商店里，每个桌子上也都摆有一束单瓣玫瑰花；运动队的服装也是最合适的；餐厅在整个暑假里都是开放的，任何人都可以在那里用餐；伙食供应整年都是敞开的，并且是最好的；学校里的所有设备，从家具到砖石建筑都是坚固的、雅致的和比较昂贵的。大多数自治学校都有负责这方面事务的管理者，然而，迪尔菲尔德中学并没有这种管理者。因为有这样的一个人，就会破坏校长多年来所建立起来的习惯。当人们与他谈论有关经济方面的问题并拿出一些统计表，让他看到迪尔菲尔德中学比其他学校多花了多少钱的时候，他认为其他学校只不过没有说出真实情况罢了。他说："我们不能削减经费开支。这种削减不会有什么结果。由于削减经费开支，我们就会失去一些东西。这种牺牲太大了。迪尔菲尔德中学花得起钱。"

因为一些细微的情况往往会给人们留下深刻的印象，所以，博伊丹校长十分注意细节的地方。多年来，当生长在14英尺宽草坪的表土层上才开始有一点嫩绿色时，校长就会拿着大折刀到草坪四周，把地上的车前草掘出来。1965年夏天，有一天下午，校长与他的太太和女儿驾驶着他的高尔夫电动车在校园里巡视。当他看到地上有一片纸时，他就停下来，让她们下去把纸片捡起来。同年秋天，在一场冒雨举行的橄榄球比赛结束后大约一小时，他又转回到运动场地，在下午不停的雨中，独自把被运动员的鞋钉踢翻起来的草皮重新铺好，一直工作到天黑得看不见为止。

第十三章

博伊丹校长的一天

当博伊丹校长履行一位教师的职责时，他的工作方法是多种多样的。但是，50年来，这些方法没有发生什么变化。他的一位教师说："你不能够和他待在一起。如果你想跟着他转，那么到下午4点钟，他就会把你晾在一边。"博伊丹校长早晨6点或者比这更早一点起床，一边穿衣和修面，一边低声地进行祈祷。他现在仍然保持有祈祷的习惯，这是很突出的。用他家里一个成员的话来说，"不祈祷，他就一事无成。任何时候，他都在祈祷。他完全相信，上帝会关怀他"。曾经有一次，他确信屋里只有他自己一个人时，就对着镜子说："我真是一个十足的傻子。"当他看到他的一个孩子已经听见他的话时，他就说："我没有赌咒，我是在祈祷。"然而，事实上，校长只是在极少数时候对自己的工作进行反省。近来，在这样的一次场合，他说："不是开玩笑，我确信，的确是上帝把博伊丹太太和我安排到这里来做这项工作。"

7点钟，博伊丹校长的秘书来了。这时，他正站在书房里等候,手里拿着一份打开的《波士顿报》以致整个身体被报纸挡住了。看完报纸后,他生起一个壁炉。校长的健康身体状况良好的一个原因,大概就是他使用壁炉的缘故。在他的房间里和学校大楼内,壁炉离他的办公桌都只有5英尺的距离。当校长口授文件的时候,他就坐在壁炉隔板的上端烘烤自己。

每天早晨博伊丹校长与他的秘书一起工作

没有什么东西像信件那样使博伊丹校长喜欢。他一天平均写35封信,有时候多达70封。他阅读信件时把收到的信件的信笺铺在地板上,把信封扔到壁炉里。他对那些表示要求入学的信件不感兴趣,因为他必须保持他的平均成功率。校长养成了一种x光射线般的感觉,能够从一大堆来信中正确无误地把内含支票的信件首先挑出来。他的信主要是写给校友和学生家长的。他不仅回复他们的来信,而且也回复每一份生日请柬和圣诞节卡片。如果一个油炉推销员送给校长一本广告小册子，他就会送上一张纸条，上面写着："我对此不感兴趣。"

在过去60多年里，校长大约写了50万封信。这些信件的副本一直还保存在迪尔菲尔德中学大楼的阁楼上。博伊丹校长的现任秘书说："他很高兴回复他收到的每一封来信。"在某种意义上，校长已经在撰写他的传记。

亲爱的菲尔：

福克斯博罗对我来说，始终是具有极其重要意义的。我唯一感到遗憾的是，我不能更经常地回去看看。当我回首往事的时候，我似乎感到，我们那个时代的年轻人有着一种心智发展、身体健康和充满活力的生活。这样的一种生活，正是我试图要给予迪尔菲尔德中学孩子们的那种生活。

1943年1月25日

亲爱的劳拉：

迪尔菲尔德中学是一个美丽的地方。由于我不能待在福克斯博罗，所以，我很感激我能在这里度过我的一生……我清楚地记得，我在福克斯博罗所度过的时光以及每个星期天到教堂去的情景。有时候我们去两次，有时候去三次。我也记得，您的父亲是我所知道的有成就的农夫之一，你们的农场在福克斯博罗是最好的。

1952年10月28日

我亲爱的怀特先生：

　　正如你可能知道的，哈佛大学对我们非常友好。有二三次，他们曾暗示，如果我们能够说服孩子们进入哈佛大学，那么，学费可能会是适当的。但是，不管怎样，我更愿意做一个自由行动的人；同时，我也感到，我们更倾向于送孩子们到阿默斯特学院去。

　　　　　　　　　　　　　　　　　　1922年1月21日

亲爱的鲍勃：

　　……这封信使我想起了一个过去我们曾在一起生活的老处女。她的舌头永远不停地在说话。我兄弟说，她唯一的困扰是她会无意识地自言自语，也许你能设法对此作出二三点有价值的解释。

　　　　　　　　　　　　　　　　　　1922年3月28日

亲爱的雷诺兹先生：

　　我想定购两件外衣，其式样和质料与我丢掉的那件一样……

　　　　　　　　　　　　　　　　　　1927年2月5日

亲爱的史蒂文森先生：

　　你4月20日的来信已经收到。请让富尔保险公司给我浣熊毛皮外套做一年的保险。

　　　　　　　　　　　　　　　　　　1930年4月23日

我亲爱的哈曼德太太：

　　我的姓名是不常见的，很多人经常问起它。很多年以前，我父母在丹佛教书，住在迪肯·利罗伊德家里。虽然他们后来回到了福克斯博罗，我父亲从事铸造业，但是，丹佛对他们生活所产生的重要影响是其他地方无法相比的。他们常常谈起那个地方。很显然，他们一生中最幸福的时光是在那里度过的。

1949年6月16日

　　博伊丹校长的口授速度很快，7点30分左右，他的太太在饭厅里叫他，告诉他早餐已经准备好。他一边说："等一会儿，海伦。"一边又继续写信。有的时候，校长会对一位来访的客人说："请先坐下来用早餐，我是很随便的。"他这样说的意思一会儿就清楚了。一顿丰盛的早餐已准备好了——葡萄柚、鸡蛋、熏猪肉、烤面包、果酱等。桌子也布置得很漂亮。校长最后一个走进来，拖长嗓音向太太问好，那声音像是一种柔和而亲切的鸣鸣声。然后，他坐在桌子的一角，拿起一杯热水喝了几口，吃了一块烤猪肉。后来，他把手伸进装有药片的裤袋，掏出三四粒药片就水咽下去。这天早餐，没有淡啤酒和荤油脆饼。博伊丹校长在20秒内就吃好了自己的早餐，又转身回去继续工作。

亲爱的查尔斯：

　　非常感谢您真诚地邀请我到你们男子俱乐部去作讲演。但很遗憾，我只有一个话题，那就是一般地谈谈迪尔菲尔德中学的发展情况，着重谈一谈汤姆·阿谢利的故事。如果您希望我谈那些，然后回答人们可能会提出的任何问题的话，那我将很高兴这样去做。

1928年3月3日

我亲爱的格雷夫斯太太：

　　谢谢您盛情邀请我为巴蒂斯特教堂的妇女们作讲演。我是这样一种为数不多的校长：这种校长意识到他们讲演的有限性，以及在最后的几年里他们不会再到任何地方去作讲演了。

1934年11月10日

亲爱的班尼斯特太太：

　　我可以来并一定会高兴地说上一两句话。但是，像德怀特太太告诉你们的那样，我是一个外行，我做得不好，也完全不喜欢那样做。因为我相信，你知道德怀特太太总是讲得很好，而且很擅长于长谈。

1953年9月5日

亲爱的考德雷先生：

　　你的来信使我深受感动。我很理解你不能来到阿默斯特以及康涅狄格大山谷和西马萨诸塞的心情。我的家乡在福克斯博罗镇，但是，近五年来，我一直生活在迪尔菲尔德。我很高兴我能在这里度过我的时光……多年前，我就意识到，我不是一个好的讲演者，那是我不能胜任的一个角色，因此，许多年来，我没有作什么讲演。我没有确定的题目，我一点也不知道如何处理任何与教育无关的问题。在我一天天有所进展的工作中，我除了对孩子们的工作和他们的日常活动具有一种真正的个人兴趣外，我没有任何特殊的理论或任何特别的方针来指导我的工作。我担心，你一定会为我可能做过的任何努力感到非常失望。

1953年9月28日

亲爱的威尔克太太：

我确实想问一问关于迪尔菲尔德中学，尤其是关于我的这种工作，是否具有可取性。我希望你能够理解，无论如何，我是多么赞赏你的兴趣爱好。

1949年9月8日

亲爱的加兰太太：

我已经听到一些关于我退休后会是什么结果的传言。但是，到目前为止，我自己相信，我没有要这样去做的想法。

1948年6月12日

每一个给博伊丹校长做过秘书的人都能记得这样的情景：校长在口授的时候，如果他的马夫从窗口经过，去训练校长的一匹拉车的马，这时他就会中断口授，站起来并走出前门，接过缰绳。他坐上他的轻便马车，驾车在四周兜大约10分钟再回来，重新在壁炉的隔板上坐下来，继续刚刚中断的口授。校长自己有16辆轻便马车和4匹马。他说："没有什么东西能替代我的马和马车，它使我回想起过去的那个年代。近来我不怎么驾车了，但事实上，那些马给我带来很多快乐。"在他到迪尔菲尔德以后，每次回福克斯博罗都是坐轻便马车的。行程90英里，大约需要两天时间，有一天要在瓦克斯特或巴莱过夜。当博伊丹校长的孩子长大之后，他还常常把孩子的生日和差不多同时生下的小马的出生日混淆起来。他对马的习性了如指掌。这使他在自己的孩子中颇有威信，因此不会去管制孩子。校长和他的孩子一起度过的唯一的一次长途旅游是到戈申去。在学校大楼他的办公室墙上所挂着的东西中间，有6幅是马的图画——其中包括一匹阿斯勒特马以及艾森豪威尔（Dwight D.Eisenhower）[1] 总统为使用过校长的马和马车而写的感谢信。在校长的那匹高大的、黑色的加蒂勒克马的鼻尖上，有一块像头巾一样的装饰品，那是他在阿默斯特学院时的一位朋友送的一个镀铬的马。有一天，校长的马车正停在第45大街和第70大街的十字路口，等待着绿灯亮。这时，有一个人走下人行道，把头伸进车窗——这个人把校长错认为是那个"赛马冠军"——由于有天晚上他们曾在罗斯福赛马场上见过面，就向校长要烟头点烟。与博伊丹校长不一样，他的太太就不大喜欢马。

亲爱的唐宁先生：

　　谢谢你的来信，这封信使我感到非常快乐。我希望，有更多的人会体会到驾驶马车飞驰的激动心情。上星期三，我驾着我的三匹马，为首的是"霍利沃德·罗宾"——曾是一匹跑得非常快

---

[1] 艾森豪威尔，美国第34届总统（1953—1963）。——编译者注

的赛马，1小时可以跑10～12英里路，而且步伐自然轻快。尽管它长得健壮有力，但它很容易驾驭。像我一样，它也喜欢外出旅行。第二匹马叫"塔里斯曼"，这是一匹在一条腿上和脚踝上长白毛的栗色小马。它体质较弱，但在路上却跑得很快。在某种意义上讲，它比"罗宾"更容易驾驭。第三匹马叫"唐"，这是一匹又胖又懒、长得有点矮小的蒙古马，但它却能按照你要求的速度奔跑，然而它这样做决不是自觉自愿的。从另一方面讲，它可以说是一个"小丑"角色，一有机会就搅得整个马厩骚动不安。

1946年8月23日

亲爱的布朗先生：

　　昨天一大早，替我照料马的伯特·蒂尔顿就告诉我，"唐"病得很厉害。我们请来了一名兽医。但是，医生也一点办法都没有，因为"唐"患了严重的心脏病，因此，它很快就死了。在那以前，"唐"是很健康的。就在前天晚上，它还吃了一些谷物和干草，并且精力旺盛像往常一样调皮捣蛋。我想要你知道，自从你把"唐"转送给我以来，在28年间，我一直是那么喜欢它。它总是个性很强，我从来没有过那样一匹对我具有很大意义的马。它喜欢旅行，在途中当它不能尽情奔跑的时候，它就会换一种我在任何马身上没有见过的最绝妙的步态。与"唐"一起出去旅行，总是令人感到愉快，因为一路上，从麻雀到野鸡，许许多多有趣的东西会吸引它的注意力。对于"唐"来说，从来没有什么麻烦或困难的事情。以后，每一个人，包括那些几乎每天都来看它的孩子们，都将会想念它的。

1953 年 10 月 2 日

亲爱的马布里先生和太太:

非常感谢你们送给我的精致的圣诞卡。过去,我只在需要套马车的时候,才会想起马和马车是在马厩里。那些日子是多么使人留念啊!我希望,更多的人能回到使用马和马车的时期。当我驾驶马车外出时,我真的感到非常孤独,因为我猜想,我是最后一个驾驶马车的人。但是,当我的马车驶过,沿街步行的人们以及坐在汽车里的人也都回头观望那匹"马达加斯加"马时,我感到了一种真正的满足。这的确是一匹很好的小马,它是一个精明的小家伙,没有什么东西能逃过它的眼睛。不知为什么,当我感到疲倦时,唯一能使我感到心情轻松或精神振奋的就是驾着马车奔驰。

1953 年 12 月 30 日

我亲爱的欣里克斯先生:

我对你来信中所作的描述很感兴趣。因为 40 年前,我来到迪尔菲尔德时,这里有一个长着很长的白胡子的马贩子,样子很像你信里所描述的人。他可以轻而易举地驾驭任何的马或驯服最野的马。现在,我正在给他汇一张 3 美元的支票,打算向他购买那匹名叫"胡佛"的马。

1945 年 7 月 23 日

　　博伊丹校长书房里的书不断地增加，但有些书放在那里的时间似乎要比别的书长一些。在这些书中，有《养马大全》、《新约全书》、《赫伯特·H·莱曼和他的时代》；有《基本的姓名地址录》、《阿默斯特学院入学指南》、《可尊敬的乔纳森·阿谢利家族》、《詹姆斯镇 [1]：1607—1957》；有《国会记录手册》、《从大平原到佛蒙特海岸》；有《磨房工手册》（适合于养马人用）；还有《跨越非洲》、《冠军足球队的组建》、《区域性和一对一强行防守训练法》、《美国骑兵队》、《家马》、《新旧约选集》、《埃克塞特中学校史》等一类书。但是，无论如何，博伊丹校长最喜欢看的书——阿加莎·克里斯蒂（Agatha Christie）[2] 的小说，是不会与这类书一起放在书房里的。他把它们保存在楼上。校长说，一个人没有很多的阅读时间，但他可以有机会深入某个点而获得某些领域的知识，他能够深入一本书的中间部分，把那些值得引用的片段存入自己的脑海，这些片段已被某些通读过该书的人忘记了，而一年后，这些片段可能会在某一次谈话中被引用。校长对自己采用这样的读书方法是诚实的。他会说："你知道，我读了一本有趣的书。"不过，他又会纠正说："事实上，我没有读完那本书，只是打开翻了翻。"在校长的那间很宽敞的卧室里，摆满了要分发给教师的各种各样的杂志，包括《野生动物新闻保护者》、《美国森林地带》、《新英格兰农夫》、《现代思想主流》、《新教教堂建筑和设施》、《自然史》、《美

---

　　[1] 詹姆斯镇（James town），北美洲英国第一个永久性殖民地所在地，1607年5月14日建于弗吉尼亚州詹姆斯河一半岛上，1936年并入科洛尼尔国家历史公园。——编译者注

　　[2] 阿加莎·克里斯蒂，英国小说家。——编译者注

国投资商》、《爱米丽·狄更生[1]的新曙光》、《国立公园杂志》、《马萨诸塞周报》等。

亲爱的苏利文先生：

　　前两周的大部分时间我外出了，错过了2月28日、3月8日、3月15日、3月27日福克斯博罗讲演者的讲演，如果您有多余的讲演记录并能送给我的话，我将十分感谢。

1947年3月31日

亲爱的卡顿先生：

　　前几天，我看到了您的生日纪念会的请柬，就想写信给您和您的太太，献上我的祝贺以及对你们的良好祝愿。我总是愉快地回忆起我们去你们家里所度过的美好时光，我的心仿佛又回到了你们在教堂里举行招待会时的真实情景之中。

1934年10月13日

亲爱的芬尼蒂先生：

　　我对福克斯博罗讲演者在祝贺您88岁生日时所作的讲演题目很感兴趣。我仍然清楚地记得我们过去常常在教堂里的会面。

1935年1月25日

---

　　[1] 爱米丽·狄更生（Emily Dickinson），美国诗人，世界抒情短诗大师之一。——编译者注

亲爱的汤普森太太：

我一直在阅读最近一期福克斯博罗《新闻通讯》的文章，现在才发现我错过了您的生日聚会。我希望您这一次原谅我。我已把您的生日日期记在我的日历上，明年我一定准时去参加。

1946年11月16日

到9点钟时，博伊丹校长不再进行口授，而出门向学校大楼走去，进入图书阅览室。这是一间天花板很高并用嵌板嵌镶着门墙的房间，书架上放着参考书，长的木桌子上摆着报纸。这天早晨，一位男士、一位妇女和一个孩子站在学校大楼的角落里，显然这是一对年轻夫妇和他们的儿子——入学申请者在等待着学校的会见。校长向他们走去，并说："你们好，我的名字叫博伊丹。"这三个人来自明尼苏达州。于是，校长与他们作了一次长谈，对地域位置以及它对一所自治学校的重要性进行了讨论。实际上，这对夫妇和孩子如果有机会读到了校报上登载的那个非洲罗得西亚的孩子所写的文章，那他们就会从中得到启发。在主楼走廊里博伊丹校长遇到拉特格斯大学的入学指导，他对这位入学指导讲了他最近在纽约一个俱乐部里碰到的一个人的故事。那个人听他讲起马萨诸塞州的迪尔菲尔德，就对他说：

"你在那里生活吗？"

"是的。"校长说。

"你认识那里管理迪尔菲尔德中学的老头吗？"

"认识。"校长回答。

"他有多大年纪了？"

"我想，他已经86岁了。"

"那他还有精力管理学校吗？"

博伊丹校长刚说完那个人的故事，一位妇女又给校长挂来了一个长途电话。这位妇女的儿子决定想尽快升入学院，而不愿在迪尔菲尔德中学继续学习下去，以完成形式上的学业。校长在他的办公桌旁接了电话。他挂上电话，走到走廊尽头看到了学校的体育运动指导，就对这个体育运动指导抱怨说，在运动竞赛结束后，学生有一种松劲现象，这会妨碍他们运动能力的提高。

另一位校长——迪尔菲尔德中学从前的一位教师——打来了电话。博伊丹校长告诉他："我们的一个优秀后卫没有接住一个高空球，我们与他们的比分是17∶14。安多弗中学队怎么样？他们的水平比埃克塞特中学队好一点。与埃克塞特中学队的比赛，就像与我们附近的那些中学队的比赛一样轻松。不要着急，他们将会赶上我们的。"

有一次，博伊丹校长接到一个电话，要他到阿默斯特学院院长加里文·普林顿（Calivin Plimpton）那里去。在那里，他对一个名叫沃尔·斯特里特（Wall Street）的人委托给阿默斯特学院和迪尔菲尔德中学两个学校的保证金转让的规定有所抱怨。他说："毕竟，那是查理先生的钱。"查理·E·梅里尔（Charles E. Merrill）[1]是阿默斯特学院1908年届的毕业生，也是博伊丹校长的亲密朋友。

---

[1] 查理·E·梅里尔，美国投资银行家。——编译者注

他是"梅里尔-林奇-皮尔斯-芬纳-比恩公司"的创建者。

"没有什么事情像赠送钱那样使人快乐。"有一次梅里尔先生很高兴地对博伊丹校长说。

"查理先生，我们的看法完全相同。"校长回答。

博伊丹校长坐在他自己的办公桌旁，一见孩子们在课间时走过，就挥手把两个孩子叫到一边，询问他们一些问题。当学校大楼重新又安静下来时，他走到复印室去。在那里，他对某些复印件显得不太满意，并对复印机的效力作了坦率的评价，这不是因为它有时会出故障，而是因为它本身是台机器的缘故。从复印室出来，校长又走到另一个房间里，对他的校友兼秘书谈起他前些天到纽约城的一次出差见闻。一个站在洛克菲勒广场外30码远的观察者可能看到：在一阵嗖嗖的冷风中，校长走出汽车，没有穿外套，虚弱地弯着腰，胳膊下夹着一个已经磨损的公文包。他交给守门人一角硬币，然后向摩天大楼的旋转门走去，其样子显得非常憔悴和疲惫。无论谁见到他这副模样，都会对他为了学校历经漫长的和令人疲乏的旅行以及不得不在纽约城里四处奔波而充满同情。但是，当博伊丹校长从旋转门里走出来时，他所忍受的一切疲惫和劳苦都由于公文包里有了10万美元的支票而化为乌有了。他把这笔钱的总数告诉了这位校友兼秘书。有一次，在讲到他为学校筹集资金的方法时，校长对一个学生的家长这样说："我初看上去是那么苍老，那么憔悴和虚弱。"在博伊丹校长的一生中，他一直注意给人造成一种孤苦伶仃的印象——这是一种才能，他已发现它有许多实际的用途。

博伊丹校长在办公室里与教师商量学校事务

　　博伊丹校长对管理学校书店的教师谈起了整修学校书店和扩大其规模的事。在楼下的走廊上，挤满了喝咖啡的教师。校长还与个别教师谈话，每次30秒钟。然后，他走到另一个小房间里，与他的校务委员会成员，包括他的儿子约翰·博伊丹，讨论学校建筑问题，就建设一个新的图书馆交换看法。接着，他又转回到学校主楼，与一个准备接受普林斯顿大学入学指导会见的印度男孩交谈起来。这时，像先前那个打电话者一样，另一个人——过去也是迪尔菲尔德中学的教师、现今是一所中学的校长——打来了电话，他说他的学校缺少一位物理教师，希望博伊丹校长能尽快帮助他找一位。校长回答说，他将尽力而为。挂完电话后，校长又与斯沃思莫尔学院的入学指导在一起待了几分钟，这才坐下来签署24封信件。他的手写体有力、流畅和简洁，而且显得非常优美。在那个时候，像他那样的书写技巧，在很多学校里是不教的，学生也很少去练习。做完这些事后，他又花了十多分钟与马萨诸塞州立大学的一位董事交换意见。这位董事是在路过迪尔菲尔德中学时停留下来的。因为校长也是马萨诸塞州立大学董事会的主席。马萨诸塞州立大学的前身是马萨诸塞农业技术学校，它是阿默斯特学院的一个规模较小的附属机构。在20世纪50年代后期，它只有1000个学生，而且像所有的马萨诸塞州州立学校一样完全处于州立法机构的管辖之下。如果没有州政府的同意，它也就没有一点自治权，甚至不能自己聘用一位教师或安排一门新的课程。博伊丹校长最终改变了这种情况。1962年，他说服州立法机构给学校以自治权。到现在，马萨诸塞州立大学的学生已多达1.3万人。近几年内，还有可能超过2万人。大学里的新建筑群——有些建筑是以贝聿铭（I. M. Pei）[1]、马歇尔·布罗伊尔（Marcel Breuer）[2]、凯文·罗切（Kevin Roche）和爱德华·达瑞·斯通（Edward Durell Stone）[3]的名字命名的——以原来校园为中心向四周伸展出去。这些新的建筑，与其论"打"计算，不如用"里"来计算为好。其中的一幢是美国最大的体育馆，被命名为"弗兰克·博伊丹体育教学大楼"。博伊丹用他那过去常常用来紧握缰绳的手，指挥着这一切的发展。在这所大学董事会的同事中，他以"西部最有力的小木槌"[4]而著称，因为这些同事大多来自东部。

---

[1] 贝聿铭，以设计大规模城市建筑和建筑群而著称的美籍华裔建筑师。——编译者注

[2] 马歇尔·布罗伊尔，德国国际式建筑最有影响的建筑师之一。——编译者注

[3] 爱德华·达瑞·斯通，美国建筑师。——编译者注

[4] 小木槌，指法官、拍卖人或会议主席所使用的小木槌。——编译者注

在布朗斯金图书馆门口，博伊丹对他的一位董事说了再见，然后花了八分钟会见了一个把他儿子带来学校准备申请入学的校友、一个刚刚受到哈佛大学入学指导会面的男孩、另一位校友和他的妻子，以及一位来自格鲁顿的教师。这位教师对博伊丹校长说，迪尔菲尔德中学的新宿舍楼给他留下了深刻的印象，为此，校长与他进行了大约一分钟的交谈。另一个孩子和他的父亲一起来到学校里，当那个孩子到别处去接受会见时，校长建议他父亲坐下来谈一谈，他的举动使得这个人非常激动，以至不好意思说自己是伯利坦钢铁学院的院长，他也有一些有关棒球俱乐部的事情必须处理。原来，这个人自己拥有一个这样的俱乐部。博伊丹校长抱歉地说，他现在不再是迪尔菲尔德中学棒球队的教练了。然后，他们开始谈起关于著名棒球运动员利奥·德罗彻（Leo Durocher）和沃伦·斯伯亨（Warren Spahn）的情况。这次谈话持续了半个多小时，也从未涉及这个人到迪尔菲尔德中学来的目的，然而，他的儿子的入学机会却是百分之百有把握了。在他们走后，校长又检查了下午的活动安排，与数学教师谈了几分钟，然后进入了一间自修教室，轻轻拍了拍一个已睡着的孩子的手臂。之后，他重新回到自己的办公桌旁，签署了更多的信件，并对他的秘书讲起了另一个从普林斯顿来的入学申请者的故事。

已经差不多是中午了，博伊丹校长才转回家，打了个盹。实际上，他并不是要睡个够。他已经86岁了，这样打个盹是为了能继续工作。在校长的一生中，他一直这样做，这甚至比需要壁炉更为重要。对于校长来说，打个盹是他的身体机制的精髓。因为他不论在任何地方、任何时候都能睡着，并且睡得很熟。如果他愿意的话，不用3分钟他就能睡着。有的时候，当校长正在会见孩子们的家长时，他会按一下电钮，秘书就走进来说："校长，你有一个电话。"于是，他对家长说："请原谅。"就走出去了，对秘书伸出5个指头，暗示他要睡多长时间。然后，他用一条毛巾毯盖在身上，大约30秒钟后就睡着了。5分钟后，校长被秘书叫醒。这时，他再次伸出3个指头。3分钟过去了，秘书又一次叫醒他。这次他起身了。此时，校长的精神十分饱满，就像他已经很好地睡了一个晚上一样，再回到房间内继续会见学生家长。这样一种艺术的首要因素是，博伊丹校长在任何时候都能排除自己内心的各种念头。起初，他盯着附近街道北端的方向，试图回忆起谁住在第一幢房子里。哦，那是乔治·伦特（George Lunt）的家。然后，他又注视着隔壁的房子，但不等想起到第三幢房子时，他就会睡着了。此外，在等待一个电话接线员接通电话的时间内，他也能够睡着。在乘汽车出差时，他要么就口授文件，要么就睡觉。他担任教练期间，每当与运动员一起外出比赛时，他也习惯于在整个旅途中睡觉。唯一能唤醒他的事情是，当他听到学生讲"脏话"或下流故事时，他总是走过去对学生说"闭上嘴"，然后他又睡过去了。

午睡醒来，在吃午餐前，博伊丹校长又很快巡视了一遍校园。他确实认为，无论教师还是学生，只要他们越是经常看见他出现在学校里，那么，学校也就越能得到平稳的发展。他对来访者说："我相信，你们不会在学校的任何地方看到杂乱无章的事情。"最近，校长安排外出作一次长途旅行，从迪尔菲尔德到温彻斯特和芝加哥，然后再回来。但他到了温彻斯特后，就决定转回迪尔菲尔德。他回到学校时正是下午5点钟，很偶然地，学生们正好都在体育馆里集中。他走进去，待了两分钟，然后走出大厅，又接着去芝加哥。校长经常乘着高尔夫电动车穿过校园中心，朝着与镇上的长街形成一个直角的奥尔巴尼路全速前进。他绕着圈子，曲折穿行，冲下坡，掠过树林，再转向大路的右边，进入迎面

博伊丹校长在巡视校园

的车流之中，对人们挥手和按喇叭示意，甚至疏忽了很快就会出现的障碍。实际上，博伊丹校长并不知道如何驾驶一辆小车。但是，

博伊丹校长驾驶着他的高尔夫电动车在校园里巡视

他却常常乘着他的老式的"庞蒂亚克"[1]绕着学校转，一路上都是二档全速前进，因为那是他知道的唯一的一个排挡。后来，人们学会了为他让道。现今，虽然高尔夫电动车已不再使人感到惊恐，但人们仍然警觉着。校长会下车走到棒球场，在第二垒周围踱来踱去，回顾着学校的发展。他说："让我们不要自夸，但是，我们可以为自己已经取得的成就而感到欣慰。学校不美丽吗？的确，没有任何事情能这样长久地吸引我年复一年地去思考我们应该像什么样子。为确信学校仍然是那样的美丽，我尽可能常常出去转一转。确实，当你站在山坡丛林的余荫下，眺望脚下小河里渐渐腾起轻纱般的薄雾时，你会感到这是多么温馨的时光啊！我是多么的幸运，一生能生活在农村里。"

博伊丹校长看见少年A级足球队的教练，就驾车驶了大约300米路，拦住了这位教练，并告诉他说在比赛结束后想举行一个招待会。校长说："我想使招待会开得比秋季的那次招待会更好。我不喜欢孩子们散在商店里，边吃冰淇淋蛋卷边漫步进入招待会。"他又驾车拐向即将举行招待会的纪念馆，想了解一下是否每件事都已准备就绪。在进去之前，他取下高尔夫电动车的钥匙，将它放在裤袋里。从纪念馆出来的时候，校长用手擦去了一扇窗栏上的一点点灰尘。接着，他又来到体育馆，下楼进入衣帽间，自己称了一下体重，有140磅，对此他很满意。他看见黑板上写着："打败曼彻斯特中学队——今年他们将会更加难于对付。"校长边说

---

[1] "庞蒂亚克"，指汽车的牌子。——编译者注

着"那是高中生的废话",边把黑板上的这些字擦掉了。在体育馆门口的台阶上,他捡起了一个被人踩碎的过滤嘴雪茄烟头,就像安置一只死老鼠一样,把烟头带到学校大楼,放进一只废纸篓里。接着,他又摆正一条长凳,然后才回到家里与太太一起吃午餐。

又有一次,在午睡起来后,博伊丹校长花了一小时陪同一位带着妻儿从密执安州来的校友参观学校。然后,乘上他的"庞蒂亚克"起程到阿默斯特赴一个约会。汽车是由富斯特·E·巴比尼夏(Fuster E. Babineau)驾驶的,这个人被人们称为"毛人"。他在校长后期的工作生活中替他开车。在他之前,是由他的岳父为校长开车。汽车行驶在高速公路的主干线上,有时,校长会拿出一个记时秒表,在"毛人"驶过里程牌时与他核对时间,如果时间计算不合他的心意,他就会要"毛人"踩大油门加速。23年来,校长从未让"毛人"减过速。"毛人"会说:"啊,孩子,我们有多好的车啊!"校长在迪尔菲尔德中学乘上车,告诉"毛人"什么时候他必须到达什么地方,即使是在赴约会前剩下的时间已不够到达目的地的情况下,亦是如此。同样,在"毛人"的岳父开车时,校长也是这样对他要求的。过去,博伊丹校长也常常乘小火车作长途旅行。当然,为此他就不得不准时赶火车。小火车的路线是沿着山脚向学校西面方向行驶,然后沿河而行。每一次,校长总是等着小火车路过学校旁时,就跳进汽车,叫"毛人"的岳父驾驶着汽车跟随小火车跑。有时候,他在下一站就能追上小火车;有时候,要追两站才行,但从来没有落空过。1950年,在布林克抢劫案发生的那天晚上,州警察局的一群警察在"庞蒂亚克"

旁停下，挥手要"毛人"下车，说他们要检查汽车。这时博伊丹校长已经睡着了，听见声音，他站起来对"毛人"说："告诉他们走开。"于是，警察们就走开了。比起任何人来，"毛人"与校长待在一起的时间是最长的。"毛人"说："无论发生什么事情，校长从来没有使我陷入困境。我不知道那是否是一个创举。上天知道，校长是会有创举的。你知道，天气决不会为难那样的人，因为我们赢得了时间，赶在大风雪到来之前就离开了迪尔菲尔德。校长是一个杰出的人，也是一个善于动脑想点子的人。"

博伊丹校长的约会安排在阿默斯特学院的新罗伯特·弗斯特图书馆。在那里，他会见了迪尔菲尔德中学的设计师威廉·普拉特（William Platt），与他商谈如何仿照新罗伯特·弗斯特图书馆的特点来建造迪尔菲尔德中学的新图书馆。校长向设计师提出，在中学里创造前所未有的东西，将是一个多么激动人心的机会。接着，校长又告诉设计师，他的确很想把每一件事情都考虑周全。然后，他回到了迪尔菲尔德中学，与被允许进入迪尔菲尔德中学的来自坎布里奇的三个学生一起用晚餐。在此期间，校长追忆起他的朋友、年轻人的杰出前辈迪安·彭尼帕克（Dean Pennypacker）。在这些人出生之前，彭尼帕克就已经去世了。

6点半时，学校的教师们又挤满了博伊丹校长家里的起居室，喝着饭后的咖啡。在这种日常惯例的活动中，校长有时会拍拍手掌，让大家安静下来，或告诉大家应该到市镇公所去参加地区选举活动，或与大家交换对一份契约的看法，或告诉大家镇上近来在政治活动中发生了什么事情。与其说校长是一位天才的教育家，不如说他也是一位天才的政治家。在建设和发展迪尔菲尔德中学的同时，校长树立起了自己的威信，这种威信之高是其他任何校长仅靠地位优势获得的威信所不能比

博伊丹校长与学生一起收获马铃薯

的。然而，博伊丹校长威信的形成并不是因为给各地教堂提供晚餐，而是因为他多年来一直作为小镇的公务员勤勤恳恳地为人们服务，作为地区代表出席州议会，为镇上年轻人敞开他的学校大门。过去十多年，每隔三四个星期，迪尔菲尔德中学就为上百个人举行一次宴会——在这些人中，包括红十字会员、县物价员、镇基金会会员以及一个机床公司的成员。对于这些人的每次"光临"，校长只是象征性地收一点点钱或者干脆一点钱也不收。曾有一个月，镇上的男子俱乐部吃了许多烤猪排，每份只收了50美分。在迪尔菲尔德中学的毕业典礼日，学校进行盛大的晚宴，招待来自各地的几百位客人，钱由校长支付。他没钱时，宴会就由农夫的妻子来准备，她们自己带来食物。在第一次世界大战期间，学校的孩子们为地方上的商人提供服务，帮助商人们从货车上卸下货物。整个战争时期，孩子们都在田里挖马铃薯。校长坚持不懈地教导孩子们，要他们明白自己对镇上所应该承担的责任以及他们每个人都会成为未来的公民。从这个角度讲，正如格林菲尔德的一个

人所说的那样，博伊丹校长已成为"马萨诸塞州西部地区的主要政治人物，当这个地区的任何人想到应该为政府做点什么事情的时候，就会去请教他"。马萨诸塞州的一个警察有一次曾这样说："校长是这附近地区最重要的人，他能够叫出我们所有人的名字。"1959年，当纳尔森·洛克菲勒（Nelson Rockfeller）[1] 决定为竞选总统加入共和党时，他邀请了十个新英格兰地区来的人参加在纽约城举行的一次会议，博伊丹校长就是其中一个人——但这不是因为洛克菲勒早先曾把他的两个儿子送到迪尔菲尔德中学的缘故。查理·E·梅里尔的遗嘱颇为复杂，多年来它使迪尔菲尔德中学、阿默斯特学院和别的机构卷入了债务之中——这是一笔对遗嘱的接受者来讲并无好处的税收分配。他们不想把钱白白丢掉，而唯一能改变这种状况的方法就是制定一项国会的法案来作为保护。每个人都认为，通过这个法案的可能性几乎是等于零，只有博伊丹校长除外。1957年的一天，博伊丹校长独自一人去华盛顿，他在那里待的时间很短，只是拜访了在国会、参议院、众议院以及白宫的熟人。后来，立法条款拟订出来了，并且得到了通过。最近，校长又着手提议联合起来修建一条州际高速公路。没有人知道，镇上有多少人完全或部分地听从他的领导；但是，没有怀疑的人肯定是很多的。无论如何，校长那种乐于助人的品行并不是鲁莽的和不顾及后果的。1940年，格林菲尔德的一个人写了一封信给

---

[1] 纳尔森·洛克菲勒，美国第41届总统，美孚石油公司创始人约翰·戴维森·洛克菲勒之孙。——编译者注

博伊丹校长，说他没有钱用，而冬天就要来了，他的孩子都生病了，如果校长能送他2吨煤的话，他将会无比高兴。但校长只送了他1吨煤。

亲爱的谢尔姆先生：

　　对于未能参加总统的生日聚会，我感到很遗憾。因为我们在宾夕法尼亚州曾有过这样一次美好的时光。

1955年9月29日

亲爱的艾森豪威尔总统：

　　谢谢您的来信。我永远感谢您邀请我到接姆斯顿—威廉斯堡—约克敦参加庆祝会……回忆起我和您一起度过的半小时，我是多么的高兴。那时，您花了一分钟说你不能来到迪尔菲尔德中学，然后建议将剩下的时间用来交谈我们都感兴趣的和都有所经历的事情——也就是为十七八岁的孩子们所做的事情。同时，我也很高兴，您和您太太在赫西举行的生日庆祝会上使用了我的马车。

1959年2月7日

亲爱的纳尔森先生：

　　这是一封不必回复的信。但是，我想要告诉你，我对你让道格拉斯留在布鲁克林所作的努力非常关心。

1957年9月24日

亲爱的苏利文神父：

我刚好在看10月18日《迪尔菲尔德记事》，见到了你被任命为牧师的消息。请接受我对你的工作成就的衷心祝贺。我一向很关心在体育运动和其他方面一直与我们保持联系的每一个孩子的进步。当你在特纳斯佛斯就读期间，我就感到你具有真正的领导才能。

1923年11月15日

今天晚上，取消了往常的傍晚会见，原来一位回母校探望的校友正在给孩子们讲述他在南极冰下探险和录制海豹声音的经历。在这位校友讲演前，博伊丹校长首先讲了话。他告诉孩子们，校友回母校是多么令人高兴，尤其是这位校友来自那么遥远和不寻常的地方。当校长沉醉在这样的情景中时，他会在全体师生面前显现出最特别的姿态：双手紧握双排纽扣夹克衫胸前的两片翻领，并把它们拉扯在一起，就像感到寒冷似的。接着，他皱了皱鼻子，脸上露出了笑容；用几乎听不见的轻柔笑声结束了自己的讲话。然后，他坐下来，把一只脚翘在另一条腿上，聆听着这位校友的讲演。

晚上的自修时间结束后，博伊丹校长家里的起居室又挤满了人——这次是来喝牛奶、吃薄脆饼干并听教练作指导的运动员们。教练的指导富于现代感、实用性和技术性。在教练讲完之后，校长又作了一点不完全是技术方面的补充。橄榄球队、篮球队、棒球队队员们在校长家里起居室举行的这种晚间集会，已有将近五十年的传统。等运动员们走后，校长会坐下来说："与四十年前相比，我并没有感到自己的精力和活力已不行了。我希望，我能再保持它三年或者更多的时间。"

到20世纪30年代，一些有眼光的家长在把他们的孩子送到迪尔菲尔德中学之前变得犹豫起来，因为他们想到博伊丹校长已将近60岁了，可能不会再做下去了。在这些家长中，亨利·N·弗林特（Henry N. Flynt）仍然决定把他的儿子送到迪尔菲尔德中学。弗林特现在是学校董事会的主席和基金会的领导人，这个基金会为保护学校的房屋筹集了资金。在30年代末，校长曾对他的一位教师说："我感到遗憾的一件事是，我不能活得更长久一些，以便能看到迪尔菲尔德中学的孩子们怎样成长。"在40年代中期，校长开始说："如果我只有五年时间的话……"——这后来成了他在任何时候讨论计划时通常所用的开场白。在50年代末60年代初，校长还是这样说。现今，校长在他的起居室里又反复说："我希望能再有三年多时间，当然我更希望有五年。但是，我非常清楚自己的年龄。噢，对此我并不自私。我不打算因为活得太长而打扰别人。但是，我想看到新的图书馆竣工。也许，有一天我会退休，但我现在还没有确定退休的具体日期。"

最近，博伊丹校长给迪尔菲尔德中学的全体校友和学生家长写了一封冗长而有点东拉西扯的信。在信中，他含糊地使用"退休"这个词。后来，校友和学生家长随他们的回信寄来了上百封感情丰富的书面感谢信和数千美元。校长在给每个人的回信中表示了谢意，并向他们保证自己并没有要退休的打算。他说："如果可能的话，在这三年中，我就已经做了一个可怕的家伙了。我有一种感觉，假如你们拥有好得足以保存下来的东西，那么，它就将会保存下来。我想保持工作能力，我还从来没有充分的时间对任何一个困难问题给予注意。我试图建立的东西就是学校的灵活性。我们已经与时代的发展保持一致的步伐，我们并没有盲目地前进。在迪尔菲尔德中学，我们已经确立起一个永久性的方向。"

博伊丹校长惊讶地看着他自己在1906年时所写的有关学校的一些记录册。60多年来，记录册已有所磨损，校长已忘记它们被保存了下来。他轻轻地读着："学校的目标应该是发展学生的个性品格，帮助每个人去做那些最适合他做的事情。这在农村里是能够做到的，因为相对来说，在小范围的一群人中有可能做更多的个人工作，师生关系将会变得更加亲密。"

当博伊丹校长回忆着迪尔菲尔德中学的发展历史时，他满怀深情地说："不错，我带领学校的教师和学生做了一些事情，不是吗？但是，我过去并不知道自己有能力这样做。"

迪尔菲尔德中学的办学理念和课程设置

一、迪尔菲尔德中学的办学理念

教育是人的教育：传授知识和获得知识。对一所学校来说，虽然校舍是重要的，书籍和实验室也是重要的，但是，人的教育质量是最重要的。

任何一所学校都相信，这将涉及它的教师以及教师们提供学习刺激和维持学习秩序两方面的能力。任何一所学校也都相信，学生的质量也是教育过程的一个同样重要的组成部分，因此，学校将根据能否对教学作出积极反应和给以各种各样回答的标准来挑选学生。显然，学生之间的差异主要是由于他们在背景、信念、地域环境和兴趣爱好上的差异而形成的。

迪尔菲尔德中学相信，一个人应该对他所生活的世界以及周围的事物变得更加敏感，在一天的所有时间里都在进行教育。因此，迪尔菲尔德中学准备开展许多方面的活动，而不仅仅是课堂教学。

那些选择培养独立精神教育的人，将为他们自己得到一个有意识的选择机会。对于规模小的班级来说，个别指导和体育运动适合于每一个学生，并使他们得到满足和乐趣。最重要的是，由于给每一个学生提供了选择的机会，因而就使他感到自己作为一个人来说是重要的。

迪尔菲尔德中学完全清楚提供这样一个选择机会的理由，同时也对所有学生提供共同的教育模式，然而其中会有许许多多可能的变化。因此，在迪尔菲尔德中学，每一个学生都能获得发展个人能力以及满足个人兴趣爱好的经验。

对于迪尔菲尔德中学来说，一个重要的方面就是把已经做过的事情和正在做的事情结合起来。这样的结果将是独一无二的。这些已经做过的事情反映在迪尔菲尔德中学的可以看得见的历史上。

迪尔菲尔德中学现有500多个学生和80多位教职人员。校园宽敞而美丽，并为体育活动、学习工作和课外生活提供了各种各样的设施。迪尔菲尔德中学的生活很快就会从一种活动转到另一种活动，但对学生的能力始终保持着一种不变的要求。班级生活、体育运动、课程学习、课外活动、宿舍膳食以及学校环境都会给人们留下美好的印象。

在迪尔菲尔德中学，一个学生能够清楚地认识到他的能力是什么以及怎样去利用这些能力。这确实是一所给学生提供发展机会的中学。它并不看重一个学生的背景，但每一个学生都可以期望自己成为一位有能力的音乐家、一位思路敏捷的文学家、一位说话流畅的语言学家或一位勤勉的体育家。迪尔菲尔德中学的教育原则是：每一个学生都应该得到一些好的机会，并通过自己对个人兴趣爱好的不断追求，在他的同学中受到重视和尊敬。

对一些人来说，在迪尔菲尔德中学学习的目的是不断地成长发展和继续获得更大的发展空间；对另一些人来说，在迪尔菲尔德中学学习的目的是准备进入大学，实际上，这两者并不是不相容的。虽然迪尔菲尔德中学所考虑的方面比准备进入大学更多，但是，几乎所有的毕业生都进入了大学。当他们在迪尔菲尔德中学毕业后走向大学时，他们都会感到自己已经做了很好的准备。

事实的确如此。如果迪尔菲尔德中学的一个毕业生能够冷静地对待自己和把握住各种选择机会的话，如果他能够约束自己、充分发挥自己的能力以及做他必须去做的事情，那么，他已经为做任何事情作好了准备。

虽然一个毕业生有时会对迪尔菲尔德中学唠叨几句，但他将十分喜欢回忆在迪尔菲尔德中学的生活。他将不仅记住春天里的小河、秋天里的橄榄球赛、冬天里的雪仗，也将记住与他一起生活过的人们。这就是迪尔菲尔德中学。

二、迪尔菲尔德中学的课程设置

一年级	二年级
英语 I	英语 II
代数 I	几何
历史或人文科学	人文科学或选修课
外语	外语
科学或人文科学	历史或科学

三年级	四年级
英语Ⅲ	英语Ⅳ
代数Ⅱ	选修课
美国史	选修课
外语	选修课
选修课	选修课

□ 英语

英语Ⅰ：古典文学与基本技能

英语Ⅱ：美国文学

英语Ⅲ：英国文学

英语Ⅳ：现代文学

先修英语[1]：作文与文学作品、语言与作文

□ 数学

代数Ⅰ

代数Ⅱ

几何

数学命题

微积分初步

---

[1] 先修英语（Advanced Placement English）是为希望参加先修考试（中学优等生进入大学的跳班考试）的高年级学生提供的课程。

先修微积分 [1]

□ 艺术

音乐、艺术和戏剧入门

美工艺术（高级美工艺术）

摄影

建筑设计与绘画

工业设计

工具设计与制作

艺术与思想

音乐与文学作品

管乐器与打击乐器

弦乐演奏

实用音乐

音乐史与音乐作品

表演艺术

戏剧史

高级艺术指导

□ 历史

现代史（1965—1982）

---

[1] 先修微积分（Advanced Placement Calculus）是为希望参加先修考试（中学优等生进入大学的跳班考试）的高年级学生提供的课程。

西方社会的形成（500—1700）

世界文化

中东、中国和印度

美国史（1890—1982）

美国历史与文化研讨

经济学入门

亚洲史研讨

政府比较

先修现代欧洲史[1]

□ 古典语

拉丁语Ⅰ、Ⅱ、Ⅲ

维吉尔史诗（《伊尼特》）

罗马诗歌

罗马哲学与讽刺作品

希腊语Ⅰ、Ⅱ

□ 现代语

法语Ⅰ、Ⅱ、Ⅲ、Ⅳ、Ⅴ

德语Ⅰ、Ⅱ、Ⅲ、Ⅳ、Ⅴ

西班牙语Ⅰ、Ⅱ、Ⅲ、Ⅳ、Ⅴ

---

[1] 先修现代欧洲史（Advanced Placement Modern European History）是为希望参加先修考试（中学优等生进入大学的跳班考试）的高年级学生提供的课程。

俄语Ⅰ、Ⅱ、Ⅲ、Ⅳ

汉语

□ 哲学与人的发展

哲学入门

世界宗教

伦理学

基督教传统历史

人类生命课程：生命的历史

人类生命课程：人类的行为

□ 科学

大气动力学

天文学

生物学Ⅰ

生物学Ⅱ

人类解剖学与生理学

化学Ⅰ

化学Ⅱ

自然地理学

物理学Ⅰ

物理学Ⅱ

工程物理学

迪尔菲尔德中学学生的暑期阅读书目 [1]

一本好书是现在和永远的朋友。

——马丁·塔珀

迪尔菲尔德中学相信，为了培养对好书的欣赏力以及保证在综合能力和词汇积累方面的不断改善，一种方式就是系统地阅读好书。记住，下面的书目是根据不同年级的水平层次而制定的，对其中的思想和作者将会在后一年的课程中给学生进行更好的介绍。在书目中所提出的阅读要求应该被看作是最低的期望，学生应该在9月份回学校时达到这些要求，我们将激励同学们进行更广泛的阅读。

新生阅读书目

所有新生都要求阅读：

克拉克（Clark, A.）：《童年的结束》（*Childhood's End*）

李（Lee, H.）：《杀害一只模仿鸟》（*To Kill A Mockingbird*）

---

[1] from Deerfield Academy, *Summer Reading*.

并要求从下面任选两本阅读：

福布斯（Forbes, E.）：《约翰尼·特里梅因》（*Johnny Tremaine*）

弗兰克（Frank, A.）：《一个年轻女孩的日记》（*Diary of a Young Girl*）

乔治（George, J.）：《山在我的一边》（*My Side of the Mountain*）

冈瑟（Gunther, J.）：《没有自尊的死亡》（*Death Be Not Proud*）

海尔达尔（Heyerdahl, T.）：《"康-提基号"木筏漂流记》（*Kon Tiki*）

希尔顿（Hilton, J.）：《遗失的地平线》（*Lost Horizon*）

吉卜林（Kipling, R.）：《无畏的船长》（*Captains Courageous*）

洛伦茨（Lorenz, K. Z.）：《人遇见了狗》（*Man Meets Dog*）

麦克菲（McPhee, J.）：《校长》（*The Headmaster*）

罗林斯（Rawlings, M. K.）：《一岁崽》（*The Yearling*）

斯坦贝克（Steinbeck, J.）：《杰出的人》（*The Pearl*）

托尔金（Tolkien, J. R. R.）：《国王陛下的归来》（*Lord of the Rings*）

怀特（White, T. H.）：《过去和未来的国王》（*The Once and Future King*）

二年级学生阅读书目

所有二年级学生都要求阅读：

塞林格（Salinger, J. D.）：《麦田里的守望者》（*Tne Catcher in the Rye*）

诺尔斯（Knowles, J.）：《一种分离的和平》（*A Separate Pease*）

并要求从下面任选两本阅读：

赛珍珠（Buck, P. S.）：《大地》（*The Good Earth*）

凯瑟（Cather, W.）：《我的安东尼亚》（*My Antonia*）

戈尔丁（Golding, W.）：《蝇王》（*Lord of the Flies*）

杰克·伦敦（London, J.）：《海狼》（*The Sea Wolf*）

麦克菲（McPhee, J.）：《游戏的水平》（*Levels of the Game*）

奥威尔（Orwell, G.）：《一九八四年》（*1984*）

斯坦贝克（Steinbeck, J.）：《节俭的旅行》（*Travels with Charley*）

马克·吐温（Twain, M.）：《汤姆·索耶历险记》（*The Adventures of Tom Sawyer*）

三年级学生阅读书目

所有三年级学生至少要求阅读四本，其中有一本必须选自前四本：

笛福（Defoe, D.）：《罗宾逊漂流记》（*Robinson Crusoe*）

狄更斯（Dickens, C.）：《奥利弗·特威斯特》（*Oliver Twist*）

哈代（Hardy, T.）：《远离尘嚣》（*Far Form the Madding Crowd*）

司各特（Scott, W.）：《艾凡赫》（*Ivanhoe*）

艾博特（Abbott, E.）：《平地》（*Flatland*）

奥斯丁（Austen, J.）：《傲慢与偏见》（*Pride and Prejudice*）

勃朗特（Bronte, C.）：《简·爱》（*Jane Eyre*）

卡洛尔（Carroll, L.）：《艾丽斯漫游奇境记》（*The Annotated Alice*）

乔叟（Chaucer, G.）：《坎特伯雷故事集》（*Canterbury Tales*）

丘特（Chute, M.）：《伦敦的莎士比亚》（*Shakespeare of London*）

达尔文（Darwin, C.）：《"贝格尔号"航海记》（*The Voyage of the Beagle*）

柯南道尔（Doyle, A. Conan）：《福尔摩斯探案》（*Adventure of Sherlock Holmes*）

菲尔丁（Fielding, H.）：《约瑟·安德鲁传》（*Joseph Andrws*）

福尔斯（Fowles, J.）：《一位法国海军中尉的女人》（*The French Lieutenant's Woman*）

高尔斯华绥（Galsworth, J.）：《一个有产业的人》（*A Man of Property*）

加德纳（Gardner, J.）：《格林德尔》（*Grendel*）

萧伯纳（Shaw, G. B.）：《巴巴拉少校》（*Major Barbara*）

斯托克（Stoker, B.）：《德拉库拉》（*Dracula*）

沃尔波尔（Walpole, H.）：《奥特朗图堡》（*The Castle of Otranto*）

威尔斯（Wells, H. G.）：《时间机器》（*The Time Mavhine*）

王尔德（Wilde, O.）：《陶连·格雷的画像》（*The Picture of Dorian*）

四年级学生阅读书目

所有四年级学生至少要求阅读四本：

小说

奥金克洛斯（Auchincloss, L.）：《贾斯廷的教区长》（*The Rector of Justin*）

勃朗特（Bronte, E.）：《伍塞林的高贵》（*Wuthering Heights*）

凯瑟（Cather, W.）：《教授的房子》（*The Professor's Huose*）

康拉德（Conrad, J.）：《秘密的参与者》（*The Secret Sharer*）

库柏（Cooper, J. F.）：《拓荒者》（*The Pioneers*）

福克纳（Faulkner, W.）：《粗鲁的人》（*The Bear*）

格林（Greene, G.）：《沉默的美国人》（*The Quiet American*）

海勒（Heller, J.）：《抓住二十二人》（*Catch 22*）

海明威（Hemingway, E.）：《太阳照样升起》（*The Sun Also Rises*）

赫胥黎（Huxley, A.）：《新奇的世界》（*Brave New World*）

詹姆斯（James, H.）：《螺丝在拧紧》（*The Turn of the Screw*）

朱厄特（Jewett, S. O.）：《尖尖的枞树之乡》（*The Country of the Pointed Firs*）

毛姆（Maugham, S.）：《人类枷锁》（*Of Human Bondage*）

梅尔维尔（Melville, H.）：《白鲸》（*Moby Dick*）

斯坦贝克（Steinbeck, J.）：《愤怒的葡萄》（*Grapes of Wrath*）

马克·吐温（Twain, M.）：《亚瑟王宫廷中的美国佬》（*A*

Connecticut Yankee in King Arthur's Court）

华伦（Warren, R. P.）：《国王供奉的人们》（*All the King's Men*）

沃（Waugh, E.）：《一抔土》（*A Handful of Dust*）

非小说

科尔斯（Coles, R.）：《弗兰纳里·奥康纳的南方》（*Flannery O'Connor's South*）

考利（Cowley, M.）：《游子归来》（*Exile's Return*）

盖尔布（Gelb, A & B.）：《尤培尼·奥尼尔》（*Eubene O'Neill*）

利奥波德（Leopold, A.）：《一个沙漠县的年鉴》（*A Sand County Almanac*）

麦克菲（McPhee, J.）：《进入国家》（*Coming into the Country*）

奥康纳（O'Connor, F.）：《生存的习惯》（*The Habit of Being*）

萨菲尔（Safire, W.）：《语言论》（*On Language*）

沃伦（Warren, R. P.）：《民主与诗歌》（*Democracy and Poetry*）

怀特（White, E. B.）：《怀特书信集》（*Essays of Letters*）

迪尔菲尔德中学20世纪第三任校长
罗伯特·考夫曼访谈录 [1]

校长罗伯特·考夫曼（前排中间）
与学生在一起

按：罗伯特·考夫曼（Robert Kaufmann）1958年毕业于希尔（Hill）中学。后进入哈佛学院（Harvard College）学习，并于1962年毕业，1964年获得哈佛大学商学院（Harvard Business School）MBA学位。1964—1966年，在迪尔菲尔德中学教数学和历史。1966年，回到哈佛学院工作，先后任学院注册主任、艺术与科学系主任。继20世纪第二任校长（1968—1980）戴维·M·平琼（David M. Pynchon）之后，从1980年起，应聘担任迪尔菲尔德中学20世纪第三任校长。

[1] from Deerfield Academy, *Scroll*, September 9, !980.

□ 罗伯特·考夫曼先生，您怎么会决定到迪尔菲尔德中学担任校长的？

答：我到迪尔菲尔德中学担任校长，不仅是这份工作有吸引力，能让我管理我自己的学校，而且这个时机的把握是正确的。在过去的22年里，我作为一个学生或一位教师在哈佛学院待了20年时间，现在我开始感到应该是做一些事情的时候了。

迪尔菲尔德中学在某些方面还没有表现出清晰的步骤。我认为，如果你有任何机会去做一份好的工作，那么，通过自己的努力工作和学习，一些未曾预料的机会将会展现在你的面前。在我刚刚担任校长的时候，就要我谈论学校会有什么进展，那是困难的；但这并不是说，我将作为迪尔菲尔德中学的校长一直工作到65岁退休。

□ 您认为迪尔菲尔德中学面临的最大挑战是什么？

答：第一个挑战，也是我最担心的是自满。我们已开始意识到自满的基础，这种自满将只会得到更坏的结果，除非一起对它采取行动。对我们来说，所存在的问题是，如何能够更长久地使迪尔菲尔德中学成为一个学生成长发展的地方。

第二个挑战是如何从教师和学生两方面来使迪尔菲尔德中学继续前进。迪尔菲尔德中学是我们所生活的一个十分美丽和宁静的小岛。这个挑战就是确保教师和学生熟知世界上正在发生的事情。这并不意味着是对我们的小岛的一个灾难——而实际上只是使我们继续前进的一种尝试。

我并不是指通过课程、报纸或者交流的计划，我认为，应该是通过所有的事情；但我也认为，有一些事情，即真实生动的事情可以更多一些。当学生成长到这一年龄阶段时，这个群体能使他们理解自己是一个更大的社会群体的一部分吗？

学生将认识到他们要适应于那个更大的群体和为它作出他们的贡献吗？这就是我所考虑的问题，也是我们所有人都必须面对的挑战。

□ 您认为迪尔菲尔德中学最重要的财富是什么？

答：要我谈及对迪尔菲尔德中学的感受，也许最大的问题是我还没有什么感受。我在许多中学和学院待过，但在那些学校，恰恰无法感受到迪尔菲尔德中学所具有的一切。这所学校是那些旧的建筑，还是那个山谷，我完全无法确定。学生们也并不知道它是什么，直到他们离开学校后感受到这所学校能满足他们发展需要为止。它并不是学生的学习过程或他们的教师，但它将是一个地方——他们将回顾和述说的地方。"天啊，对我来说这曾是一个合适的地方。它是一个幸福的地方，我曾在那里拥有美好的时光，而且它恰恰是我所需要的地方。"那就是一个群体。我认为，这就是迪尔菲尔德中学最重要的财富。

□ 您的夫人在迪尔菲尔德中学这个群体里将扮演什么样的角色？

答：这是一个重要的问题，也是一个我们谈论很多的问题。我们一起承担这个工作，虽然只有我一个人在学校教师的名单上。

我们带着充分的理解和愉悦的企望去承担这个工作，因为我们来到了一个我们可以在一起工作的群体。

当然，我的夫人是一个很有能力的人，也有过她自己的一份工作。所以，如果她决定要回到老迪尔菲尔德外面去工作的话，学校董事们和我将理解与支持她。那是我们来到这里的基础。然而，我认为，在任何时候，对她的积极投入和支持工作的角色的评价，我们并不会很在意。我并不知道，她是决定一天为迪尔菲尔德中学义务工作12小时还是离开一会儿去做她自己的事情，但她仍然在这里支持学校的活动。我知道，她将会到校园各处去看看，因为那是我们所需要的，也是我们来到迪尔菲尔德中学的理由之一。

□ 您表示对您生涯的改变来说"这个时机的把握是正确的"。您考虑过其他的管理职责吗？

答：有过三个选择，也可能是四个选择，我可以从中进行挑选。第一个选择是我留在哈佛学院，做我自己喜欢做的事情，同时等待哈佛其他可能的机会。那里曾有二三个机会我考虑过，但是，我并不确定我需要留在那里和等待它们。

第二个可能的选择是带着我在哈佛学院的能力而调到另一所学院，做许多我在哈佛学院时所做的同样的事情，但处于一个更接近"最高"的层次，例如，一些小学院的副院长职位。我追求过一些这样的机会。

第三个选择是离开教育职业，而进入一般职业领域或者其他的公益部门。然而，当时似乎并没有任何我可以做的以及我的能力能够很好地应付的职位。

最后的选择是校长的职位，这是我始终想做的一种工作。对我来说非常幸运，迪尔菲尔德中学校长的职位是空缺的。我怀疑，如果没有这个职位的话，那我可能还待在哈佛学院。

□ 您考虑过其他预备学校的校长职位吗？

答：是的。1979年秋天，我曾考察过一所当时需要招聘校长的学校。在70年代中期，我有很多的可能性；但是，在1976年、1977年、1978年里并不是那么多。1979年，有一所学校曾与我走得很近，但是，我在两轮面试后就撤回了自己的候选人资格。之所以撤回候选人资格，是因为我还没有考虑自己的独特风格，以及我的目标是否就是这样的一个职位，以使那所学校成为所需要的学校。对我希望去的那所学校，我将不会说出它的名字。

□ 您将在哪些地方展现全体教师的最大力量？

答：全体教师的最大力量，在于他们是具有无限的个人能力和多样性的人。我作为校长所要确定的事情是，用一种方式把他们结合在一起，使他们成为一个强有力的集体。从个人的角度来看，我认识到，要使教师集体的一个成员成为一位教师、一位教练和一位宿舍指导是多么困难。迪尔菲尔德中学全体教师的力量，在于他们的多样性，以使所有这些活动成功地进行。

基于我在夏季里所收到的教师来信，我不用花很长的时间去形成这样一个判断，即教师的时间和学生的时间是严重断裂的。教师考虑他们自己的工作，而没有考虑学生每天是否合理地在做他们的事情。

我很快就得出结论，尽管我不能消除这一方面的所有缺点，但作为一个群体，我们应该能够每天留出两个小时为我们自己工作。显然，当学生在自己房间里做事的时候，我不能做任何事情；那是他的选择。

然而，按照邻居之间的关系，如果他不安静的话，那么，对他的邻居做他自己的事情是不愉快的。我不能让一两个孩子在走廊上侵犯生活在同一条走廊的其他人的权利。教师同样需要时间。我并不认为，如果你不花时间去准备，很快地对学生作业进行评分，以及不考虑你正在课程中所做的事情，你就能成为一位好的教师。我从收到的来信中得出的印象是教师们没有时间。

这个做法可能还不是充分的，或者我可能误读了给我来信的内容。不过，我强烈地感觉到，我们应该能够做这件事情，它不会使我们制度的其他方面产生大的混乱。它将制定一些详细的计划，例如，按时举行会议、关闭学校商店。这些做法实际上并不会对我们的生活产生很多影响，总之，迪尔菲尔德中学的基本目标是学术的。

□ 您从1964年至1966年曾在迪尔菲尔德中学任教。您能描述一下迪尔菲尔德中学在20世纪60年代和80年代之间的一些明显区别吗？

答：是有区别的。首先，是这些令人难以置信的新设备。20世纪60年代我在迪尔菲尔德中学任教时，布朗辛图书馆就是学校的图书馆。此外，新的科学大楼也是另一个给人留下印象的变化。

最大的一个变化是弗兰克·博伊丹的影响在减小。他曾是一个强有力的人，尽管他的影响甚至在当时也正在减小，然而，他的精神和影响现今仍然在迪尔菲尔德中学。我认为，所有这一切是不必忧虑的……时代已经变化了，尽管博伊丹先生也随着时代发生了变化，但我在1980年肯定不能像他在1940年所做的那样来管理迪尔菲尔德中学。

显而易见，在迪尔菲尔德中学，学生和教师现在拥有许多自由，这在过去是没有的。

访问纪实

令人难忘的迪尔菲尔德中学三日

单中惠

　　尽管访问迪尔菲尔德中学已是30年前的事情，但是，无比美丽和充满活力的迪尔菲尔德中学，以及那群朝气蓬勃和富有进取精神的迪尔菲尔德中学学生的印象却一直深深地铭刻在我的脑海里，令人难以忘怀。

　　在1982年10月作为访问学者赴美国哥伦比亚大学师范学院学习前夕，美国《读者文摘》（*Reader's Digest*）上发表的一篇题为《校长》（*Headmaster*）的文章深深地吸引了我，弗兰克·L·博伊丹（Frank L. Boyden）校长66年在迪尔菲尔德中学的管理艺术令人赞叹。因此，在读了这篇文章之后，我就产生了亲自访问迪尔菲尔德中学的想法。

　　抵达美国哥伦比亚大学师范学院后不久，我就给博伊丹校长写了一封信。信寄出后没有几天，我收到了博伊丹校长大儿子约翰·C·博伊丹（John C. Boyden）先生的回信，他原来也是迪尔菲尔德中学的教师，现已退休。约翰·C·博伊丹先生在回信中这样写道：

"非常感谢您那封令人感兴趣的[1983年]1月23日来信。我根本没有想到，我父亲的卓越名声会传到如此遥远的中国。不用说，我为此感到欣喜。我的父亲大约12年前作为迪尔菲尔德中学的校长退休，那时他已88岁。……我的母亲和我差不多同时退休的，尽管我晚了一年。因此，我离开迪尔菲尔德中学已经有一些年了，虽然我希望自己仍然在校园里欢迎您的来访，但也许没有这个可能。迪尔菲尔德中学的现任校长是罗伯特·E·考夫曼（Robert E. Kaufmann）先生。尽管他是一个非常忙的人，有时会发现与他的联系有点困难，但我知道，您将会在适当的时候收到他给您的来信。所有的报告表明，考夫曼先生作为我父亲的继任者，正在进行着很好的工作。"

之后不久，迪尔菲尔德中学时任校长（20世纪第三任校长）罗伯特·E·考夫曼先生于2月15日给我来信，发出了正式邀请。在来信中，他这样写道：

"我收到了由约翰·C·博伊丹先生转来的您的来信的复印件，知道您有兴趣访问迪尔菲尔德中学。在此，我十分高兴地邀请您在您方便的时候访问我们学校。根据我们的校历，我只能说2月的后半月将是合适的访问时间，尽管我们的学生2月27日将开始考试。……但是，您希望访问我们学校时能见到学生在上课，那么这个时间就有点早，所以，您来访的更适合时间是4月里。"

后来，访问活动由校长助理弗兰克·亨利（Frank Henry）进行具体的安排。他在1983年3月10日给我的信中写道："您对迪尔菲尔德中学的访问现确定为4月5日到4月7日。……在校期间，我们将安排您到教室里听课，并安排学校管理者和教师与您进行座谈。"

记得出发赴迪尔菲尔德中学的那天，纽约城正下着鹅毛大雪，气温也很低。当我和F教授一起乘"灰狗"（美国长途汽车）抵达马萨诸塞州的斯普林菲尔德时，校长派来接我们的斯塔西（Gilbert Stacy）先生就迎了上来，热情友好地表示欢迎。在去迪尔菲尔德中学的路上，我们看到高速公路两旁弥漫在雪花飞舞中的景色：幽静的山谷，宽阔的田野，以及披上银装的小树林……这一切就像一幅迷人的图画。由于是第一次来到美国的农村地区，因此，我们感到格外新鲜。

不多一会儿，我们就到了离斯普林菲尔德几十英里的迪尔菲尔德中学。一下车后，我一眼就看到了似曾相识的博伊丹校长住过的那幢白色小木屋。迪尔菲尔德中学校长助理亨利先生非常热情地接待了我们。他简要地介绍了学校的历史和现况，并告知了三日访问活动的安排。当我把在《外国教育研究》和《文汇报》上发表的有关他们学校的文章复

单中惠教授在博伊丹校长故居前

单中惠教授在迪尔菲尔德中学校园

印件送给亨利助理时，他感到很兴奋，并表示要把这些文章放在他们的校史陈列室里。

迪尔菲尔德中学有一个传统，那就是学校教师大多住在校园里。因此，学校要求全体教师每周有几顿中餐和晚餐与学生一起用餐，除自助餐外。用餐时，每一张圆桌安排一位教师（不分班级），其余都是学生。每位教师每三周轮换一张桌子。每张圆桌的学生轮流担任值日生，谁当值日生时都很热情，不厌其烦地来回忙碌着，为大家的用餐服务。亨利助理告诉我们，这样的家庭式的用餐，不仅使学生更好地熟悉全校的教师和他自己班上的同学，而且使学生们能在一种自然和轻松的气氛下与教师交谈。在抵达迪尔菲尔德中学的当天晚上用餐时，我被安排在一张圆桌就坐，与学生们一起用餐。我特别注意到，在就餐开始时，值日的学生先请本桌的教师来分饭菜，表现出对教师的尊敬。过去老校长在的时候，老校长在饭后还会坐着与学生们随便聊天；现在，已改为校领导或教师通知一些事情，但如果学生有什么事情也可以讲。那天晚上用餐后，校长助理亨利特地对全校学生介绍来自中国的教育学者对学校的访问，同学们报以热烈的掌声表示欢迎。随后，有一个同学站起来要求发言，这使我感到有点意外。这个同学说，他捡到一块手表，遗失手表的同学可以到他的宿舍房间去认领。这件事情也许很小，但它发生在美国中学生中间，还是给了我很大的震动。因此，在某种意义上，迪尔菲尔德中学的餐厅是被作为学校生活中的一个很有意义的方面，也是促进教师与学生思想交流以及发展师生友谊的一个重要场所。

　　过去老校长在的时候，迪尔菲尔德中学还有一个传统，那就是晚餐后的教师茶话会。教师们聚在老校长的白色小屋里，一边喝咖啡或茶，一边随便聊天，以增进教师之间的了解和感情。据说，这是英国教育的一个传统，而这所有着悠久历史的学校至今还保持着这个传统。在我们抵达迪尔菲尔德中学第一天晚餐后的茶话会上，来自中国的教育学者很自然就成为了谈话的中心。也许当时到这所学校访问的中国教育学者并不多，迪尔菲尔德中学教师对改革开放后的中国现状以及我们对美国的观感印象十分感兴趣。他们还问到中国的中小学情况、农民生活状况以及宗教信仰等，又从方言土话谈到各国人民如何交流的问题。总之，我们的交谈充满着欢快融洽的气氛。

　　没有想到，在教师茶话会后，亨利助理又邀请我们到他家里坐坐。他的家就在学生宿舍里，颇有"以校为家"的味道。在亨利助理的家里，他又较为详细地给我们介绍迪尔菲尔德中学的传统和变化。

在迪尔菲尔德中学校长助理亨利（右）家里作客

　　地处马萨诸塞州西部的迪尔菲尔德中学是一所创办于1797年的中学，迪尔菲尔德镇及附近地区很多家庭祖孙三代都在这所学校念过书。在博伊丹校长以及教师们的努力下，现在这所学校已成为美国最优秀的中学之一。学校主楼、教室、图书馆、科学馆、体育馆、运动场、学生宿舍和餐厅等20多幢建筑参差交错地坐落在250英亩的校园里。整个校园绿茵宽敞、典雅美丽、宁静整洁。通过中学入学考试（Secondary School Admission Test）和其他标准测验、两位小学教师的介绍和小学的推荐信以及个人会见等，迪尔菲尔德中学每年从900多个入学申请者中录取190多个新生。亨利助理告诉我们，在挑选和录取学生时，迪尔菲尔德中学从不考虑他们的种族、肤色、宗教和地域等背景。现今，迪尔菲尔德中学700多个学生，除了迪尔菲尔德镇及附近地区的孩子外，还有来自波士顿、纽约和费城的孩子，甚至有来自日本和香港地区的孩子。

哲学入门课

英国文学课

接下来的两天，除了参观学校的图书馆、科学馆、体育馆、室内游泳池和学生宿舍外，我们还听了哲学入门、英国文学、历史、汉语、经济学、化学和品格评议等课。在我们所听的每堂课上都可以看到，教师充分运用启发式和讨论式，让学生积极进行思考，主动参与教学活动。例如，品格评议课没有教材，主要是启发学生参与评价和讨论自己的行为，有点像我们中小学的班会课。

又如，在我们听的哲学入门课上，内容是学习马克思和恩格斯关于工资与价值的原著。学校老师认为，马克思和恩格斯的理论是哲学方面的重要发展，你可以不同意他们的观点，但不能不组织学生学习他们的原著。这两节课就是在学生自学的基础上进行的讨论课，有四位老师一起参加，他们作为一个参与者在课堂上发表自己的意见。有的教师朗读了原著中重要的一段话，并阐述了其中的意思，以提示学生注意。我注意到，学生发言非常踊跃，没有一个学生不发言的，这使得整个课堂的气氛十分活跃。

再如，两节英国文学课是学习英国戏剧家莎士比亚的作品《裘力斯·凯撒》。教师有时带着学生朗读作品段落，有时用提问方式分析剧情，有时要求学生编写提纲。学生们对特定的场景、主人公该撒的心理以及他们的行为都很有兴趣地进行了讨论，表现出对优秀文学作品的热爱。

在听历史课时，教历史的老师见有来自中国的教育学者来听课，就临时停止了他原先的讲课。他对学生说，利用这个难得的机会让大家随意提问题。结果，学生与我们之间就中国的历史、文化、教育和社会状况座谈了一节课。

最有趣的是听汉语课。在迪尔菲尔德中学，这是一门选修课程。确实，中文对美国学生来说是一门极难掌

汉语课

握的外语。但是，高年级学生在选修第二门外语时，还是有十多个学生选修了汉语课。在夏威夷大学获得硕士学位的现任学校图书馆管理员帕特里夏·M·凯利（Patricia M. Kelly）小姐任教这门课程。凯利小姐告诉我们，这些学生经过三个多月的学习，已经能识别一些中文字的形体及四声，也能跟着教师比较正确地朗读一些词组和短句，但书写仍然相当的困难。我们看了学生的听写卷子，一个个字就像是复杂的图案似的，大的大，小的小，不是缺"撇"，就是缺"捺"或"点"，没有全对的。此外，区别汉语中的四声尤其困难，不要说学生，就是教师凯利小姐自己也很难把"买"（buy）与"卖"（sell）分清楚。当我们问这些学生为什么要选修汉语课程时，有的学生说：中国是一个历史悠久的文明国家，学习了中文后要去中国继续学习中国文化；有的学生说：学习了中文，将来可以与中国进行商业贸易。

与汉语课教师、图书馆管理员凯利（中）的合影

个别指导也是迪尔菲尔德中学教师的一个主要职责。因此，除了讲课之外，他们还必须对学生进行个别指导，作为他们的学习顾问。很多教师住在校园里，他们在任何时候都可以与学生交谈。每一个学生

都受到鼓励，可以与教师讨论任何有关的问题。在与学生的个别交往和讨论中，教师们不仅十分和蔼，而且还非常有耐心。

在参观图书馆、科学馆和学生宿舍的过程中，我们了解到，海伦·博伊

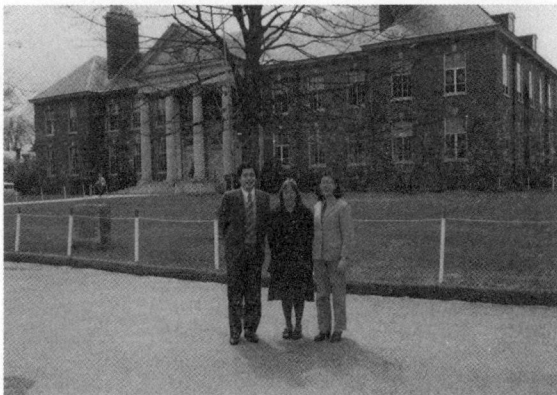

在迪尔菲尔德中学主楼前的合影

丹科学馆不仅有1.2万平方英尺面积，而且拥有新英格兰地区的第二大天文馆。弗兰克·利罗伊德·博伊丹图书馆有七八个宽敞明亮的阅览室，藏书4.5万本，除了书籍和杂志外，还有录像带、磁带、幻灯、电影、微缩胶片供学生使用。尽管图书馆只有6个管理人员，但其开放时间却很长，周一至周四上午7：40—晚上10：15，周五上午7：40—晚上9：00，周六上午9：00—下午5：00，周日中午12：00—晚上10：15，以方便学生借书和阅读。宿舍生活也是迪尔菲尔德中学的一个重要方面。学生宿舍里，每一层房间住16个学生，还住有一位教师，他作为学生的指导者（corridor master），以帮助学生适应学校生活和处理他与同学之间的关系。有两个学生经过推选而担任这位教师的助手，作为学生与教师之间的联络人。

在迪尔菲尔德中学，课外活动也是一个极其重要的方面。作为课堂教学的扩充，每个学生都要参加适合于个人兴趣、爱好和能力的活动。其中包括体育运动、学生社团、学校报纸、合唱队、

演奏小组、学生论坛以及其他兴趣小组。在每个学年，还要举行艺术展览、音乐会、戏剧表演以及宿舍聚会等。为了给学生提供周末娱乐活动，每周一次周末电影。在我们访问的第二天下午放学之后，在开阔的运动场上，迪尔菲尔德中学与附近一所中学进行了一场很激烈的棒球比赛。很多学生和一些教师怀着极大的兴致在观看，根本没有顾到当时正在下着细雨，而且周围还有积雪而寒气逼人。坐在观众席上的学生们情绪高涨但也很有礼貌，始终没有人发出一声怪哨。

对中学生来说，教师的表率作用是十分重要的。迪尔菲尔德中学的一个良好传统就是，教师把自己的整个身心奉献给学校和学生。时任校长的考夫曼先生在与我们的交谈中，特别介绍了迪尔菲尔德中学教师的献身精神，还建议我们去访问已经退休的老教师（可惜因为时间安排得太紧张，未能如愿）。迪尔菲尔德中学当时有教师和管理人员85人，其中获得博士学位的7人，获得硕士学位的55人。在学校教师中，未婚教师的比例（特别是男教师）比较高，他们与学生住、吃、学、玩在一起。考夫曼校长用一种开玩笑的口吻对我们说："他们嫁给了迪尔菲尔德中学。"现在的教师绝大多数是结过婚的，但他们也住在校园的房子或学生宿舍里，有时与学生一起用餐，晚餐后还经常在图书馆或学生宿舍里关心学生。

就拿校长助理亨利先生来说，他在普林斯顿大学毕业后，又在一所大学研究生院获得文学硕士学位。起初，他在一家公司工作，后来到迪尔菲尔德中学任教文学课。亨利助理告诉我们，他发现，教育是一种最有价值的工作，没有什么事情比培养人才对人类的贡献更大，于是他决心终生当一位中学教师。在学校任教一段时间后，他又去哈佛大学教育学院攻读硕士学位，毕业

迪尔菲尔德中学校长助理亨利在上课

后又回到迪尔菲尔德中学工作。现在，除了担任校长助理这个行政职务外，他每周还要教10个课时的文学课。据亨利助理的妻子说，她先生几乎每天晚上都要到学生那里去转一转。由于迪尔菲尔德中学的学生每个月回家一次，因此，教师在周末也要承担照顾学生的责任，不可能有两整天的周末休息时间。但是，在迪尔菲尔德中学的教师中，没有人抱怨，因为实际上教师的待遇比较高，教学工作很有乐趣，假期时间也比较长。这一地区的居民对教师也十分尊重。记得，当亨利助理代表校方在镇上饭店宴请我们时，就不断有人十分恭敬地与他打招呼。

又如，27岁的教化学的老师彼得·J·安德森（Peter J. Anderson）先生也与亨利助理一样有着相似的经历。大学毕业后，他先在一家公司任职，尽管待遇不错，但他对经商提不起兴趣，而想找一份更有意义的工作。于是，他来到了迪尔菲尔德中学，而且很快就被吸引住了，决心将自己的终生奉献给学校教育工作。当时，我们还真的没有想到，在美国这样一个人生哲学就是赚钱

第一的社会中，还有人如此真诚地愿意终生献给学校教育。

在与迪尔菲尔德中学校长考夫曼先生的交谈中，他还告诉我们，迪尔菲尔德中学现在设有一个由教师代表和学生代表组成的委员会，协助校长对学校工作进行管理。其中，学生代表是由每一幢宿舍选举产生的，五位教师代表是由校长任命的。这个委员会每周定期举行会议，讨论学生和教师所提出的意见，并就学校各方面的工作给校长提出建议。通过这个委员会，迪尔菲尔德中学的学生参加了学校工作的管理。此外，学生还可以参加其他一些专门方面的委员会。

在访问迪尔菲尔德中学期间，学校的师生都很热情。当我们在餐厅门口给考夫曼校长拍照时，好多学生一下子就围在校长的周围，他们很愿意与校长一起被我们拍摄进去。在餐厅用自助餐时，不少教师走上来作自我介绍，并与我们进行友好的交谈，因为他们对中国感兴趣，因为他们对自己的学校怀有强烈的责任感和崇高的自豪感。在图书馆里，在运动场上，在教室里，学生也热情地与我们打招呼或交谈，他们渴望了解中国，他们也希望来自中国的教育学者了解他们。

对迪尔菲尔德中学的三日访问不知不觉地结束了。在离开迪尔菲尔德中学的时候，凯利小姐代表学校送我们到长途汽车站。当"灰狗"缓缓启动时，我们挥手向凯利小姐告别，向迪尔菲尔德中学的师生们告别。尽管老校长弗兰克·L·博伊丹已经不在了，但留在我脑海里的是，他亲手培育和管理的迪尔菲尔德中学仍在生气勃勃地向前发展，他的精神将永远留在迪尔菲尔德中学。

编译后记

　　迪尔菲尔德中学从创建至今已有216年的历史，现在是马萨诸塞州地区乃至整个美国的著名中学之一，2012年度美国寄宿中学权威排名第八。《博伊丹与迪尔菲尔德中学——一位美国校长66年治校生涯》一书就是对该校20世纪第一任校长弗兰克·L·博伊丹66年的校长生涯和富有特色的学校管理艺术的阐述。

　　本书根据约翰·麦克菲（John McPhee）的《校长：迪尔菲尔德中学的弗兰克·利罗伊德·博伊丹》（*Headmaster ： Frank Learoyd Boyden in Deerfield*）的英文版（Farrar Straus）编译的，并对各个章节加了标题，以方便读者阅读。该书英文版在1976年出版后，曾经被美国《读者文摘》摘要发表，因而在美国社会和教育界产生了较大的影响。与此同时，本书还收入了"迪尔菲尔德中学的办学理念和课程设置"、"迪尔菲尔德中学学生的暑期阅读书目"、"迪尔菲尔德中学20世纪第三任校长罗伯特·考夫曼访谈录"以及访问纪实"令人难忘的迪尔菲尔德中学三日"。书中的照片，部分是编译者访问学校时拍摄的，部分是校方提供的。

　　本书编译者之一单中惠教授于1983年4月利用在美国哥伦比亚大学师范学院学习的机会，亲自对迪尔菲尔德中学进行了访问，并留下了难忘的印象。在赴美国学习之前，他曾根据美国《读者文摘》发表的摘要，撰写了《一位美国中学校长的管理艺术》、《美国校长博伊丹是如何管理一所中学的》，分别发表在《文汇报》（1980年11月12日）和《外国教育研究》（1980年第6期）上。

作为一本具体介绍一位美国中学校长如何管理一所中学的著作，尽管其篇幅不长，但在中学管理方面，想必会给我国众多的现任中学校长以及未来的中学校长提供一定的启迪。也可以相信，在读完本书后，读者也肯定会对迪尔菲尔德中学博伊丹校长的办学理念和管理艺术，尤其是他献身教育的精神留下十分深刻的印象。

本书第1章至第13章由上海政法学院社会学系教授李爱萍博士翻译；"迪尔菲尔德中学的办学理念和课程设置"、"迪尔菲尔德中学学生的暑期阅读书目"和"迪尔菲尔德中学20世纪第三任校长罗伯特·考夫曼访谈录"由浙江大学教育学院教授和博导、华东师范大学基础教育改革与发展研究所研究员单中惠翻译；单中惠教授还撰写了"前言"及访问纪实"令人难忘的迪尔菲尔德中学三日"。最后由单中惠教授对全书进行了统稿。

本书既可以供广大中小学校长和教师阅读，也可以供高等师范院校广大学生（尤其是教育专业的教师和学生）阅读，还可以供广大对美国中学教育感兴趣的社会人士和学生家长阅读。

在本书出版的过程中，得到了山东教育出版社领导的重视和支持，在此也对本书责编教育理论室主任蒋伟编审和尹俊霖编辑的辛勤劳动，表示衷心的感谢。

书中如有不妥之处，敬请读者批评指正。